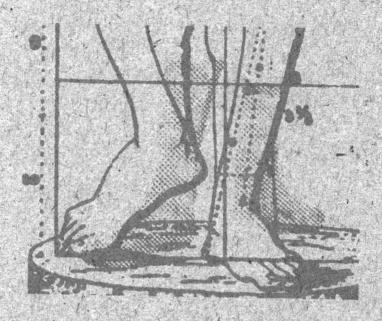

Dance Therapy Notebook

무용동작치료 임상노트

이 책은 미국 무용동작치료협회(American Dance Therapy Association) 산하 마리안체이스 재단(Marian Chace Foundation)의 후원을 받아서 번역/출판되었습니다.

The creation of this book was supported by the Marian Chace Foundation, Columbia, MD, U.S.

Dance Therapy Notebook

무용동작치료
임상노트

Joan L. Naess Lewin 지음 | 고경순, 이상명 옮김

Σ 시그마프레스

무용동작치료 임상노트

발행일 | 2017년 9월 1일 1쇄 발행
지은이 | Joan L. Naess Lewin
옮긴이 | 고경순, 이상명
발행인 | 강학경
발행처 | (주)시그마프레스
디자인 | 이상화
편 집 | 김은실

등록번호 | 제10-2642호
주소 | 서울시 영등포구 양평로 22길 21 선유도코오롱디지털타워 A401~403호
전자우편 | sigma@spress.co.kr
홈페이지 | http://www.sigmapress.co.kr
전화 | (02)323-4845, (02)2062-5184~8
팩스 | (02)323-4197

ISBN | 978-89-6866-953-8

DANCE THERAPY NOTEBOOK by Joan L. Lewin

＊ 책값은 책 뒤표지에 있습니다.

이 도서의 국립중앙도서관 출판예정도서목록(CIP)은 서지정보유통지원시스템 홈페이지(http://seoji.nl.go.kr)와 국가자료공동목록시스템(http://www.nl.go.kr/kolisnet)에서 이용하실 수 있습니다.(CIP제어번호: CIP2017021549)

차 례

역자의 글

처음 이 책을 만났을 때, 시중에서 접할 수 있는 수많은 이론서와는 다른 구성과 내용에 매료당했다. 저자의 임상 기록으로 가득한 이 책은 나에게 다른 사람의 개인적 이야기가 담긴 일기처럼 다가왔다. 또한 치료사로서 다른 이들과 함께 공유하고자 하는 마음에서 우러난 큰 용기가 있었기에, 연구 임상 노트를 공개할 수 있었을 것이다. 이 책을 번역하는 과정에서 나는 마리안체이스재단에서 왜 이 책을 필독서로 추천하는지 깨닫게 되었다. 무엇보다 타인과의 만남에서 그의 내면을 깊게 이해하고자 하는 저자의 모습을 통해 치료사로서 반드시 잊어서는 안 될 가장 중요하면서 기본적인 태도를 다시 한 번 배울 수 있었다. 이 책은 무용/동작치료를 공부하는 많은 학생들에게 '자기반영의 글'이 무엇인지, 무용/동작치료사로서 만나게 될 내담자가 치료사에게 '기대'하는 것이 무엇인지, 개인심리치료 공간에서 직면하게 될 '문제'는 무엇인지에 대해 저자 자신의 경험을 바탕으로 가장 실질적인 노하우를 알려주고 있다고 해도 과언이 아니다.

다학제적 학문 안에서의 교류가 활발하게 이루어지고 있는 현재, 무용/동작치료사로서 정체성의 뿌리와 무용/동작치료에 대한 임상적 기반을 단단하게 해 줄 이 책이 출간되어 진심으로 기쁜 마음을 숨길 수가 없다. 마지막으로 이 책을 번역할 수 있도록 격려하고 응원해 준 미국 무용동작치료협회 내 마리안체이스재단의 회장 Sharon Chailklin과 이사진들에게 깊은 감사함을 전한다.

고경순

역자의 글

나는 공부를 통해 연구하기보다는 현장에서의 임상을 즐기는 치료사이다. 대학원 재학 시절, 책을 통해 많은 것을 얻고자 하기보다는 늘 치료를 받는 환자들과 함께 시간을 보내는 것을 좋아했다. 특히 그들과 인간적 교류를 통해 한 인격체로서 그들을 알아가고, 그들에게 진정 필요한 치료가 무엇인지에 대해 고민하는 행위들은 나에게 너무나도 큰 기쁨이었다. 이러한 생각은 전문 치료사로서 활동하고 있는 지금도 마찬가지이다.

치료와 관련한 작업들을 계속 진행할수록 나는 사실에 근거한 구체적인 해결 방안들에 대한 갈증이 점점 커졌다. 도서관보다는 임상현장을 더 좋아한 나는 특히 저자가 성폭행이라는 끔찍한 사건을 겪었던 여성의뢰인과 함께 치료 작업을 하는 부분에서 나의 치료 관련 임상작업에서 느꼈던 갈증을 해결할 실마리를 찾을 수 있었다. 그리고 상담 세션을 마지막으로 치료를 끝내고 의뢰인을 떠나보내는 저자의 행동과 그때 그가 느꼈던 감정과 생각들을 풀어낸 부분들을 읽으며, 치료사로서 나와 닮은 모습에 나도 모르게 공감의 눈물을 흘리기도 했다.

마지막으로 사실에 근거한 원활한 치료를 위한 안내와 그리고 명확한 해결방안을 찾고자 하며, 한 치료사의 솔직하고 빈틈없는 임상노트를 보고 싶은 '무용동작을 기반으로 한 심리치료를 공부하는 학생들과 임상가들'에게 이 책을 망설임 없이 추천한다.

이상명

저자의 글

이 책은 수년 동안 혼자서 무용/동작치료사로서 임상작업을 하고 난 후의 생각과 느낌을 정리하고 명확하게 하기 위한 노력을 담고 있다. 이 책은 무용/동작치료가 가진 매우 특별한 가치와 깊이, 그리고 장기간 동안의 무용/동작치료 작업을 기록하기 위한 노력이며 내담자와 치료사에게 모두 의미 있는 내용을 전달하고자 한다. 이 임상노트는 내가 무용치료사로서의 초기 임상작업의 내용과 최근 나의 개인치료실에서 경험한 내용을 기반으로 하였다.

1982년 내 생애의 첫 번째 글을 미국무용동작치료 저널(American Journal of Dance Therapy)에 '무용/동작치료에서의 상호과정에 대한 발달적 접근'이라는 제목으로 출판하였다. 나는 1987년 무용동작치료협회에서 '애착-분리 개요: 말러의 발달적 단계의 집단무용동작의 적용'이라는 제목으로 하나의 도표를 발표하였다. 그 당시 나는 정신과 병동에서 장기간 입원한 개인과 집단과의 무용/동작치료를 수년간 작업해 온 터라 풍부하고 반복된 경험을 가지고 있었다. 그리고 지난 8년간은 개인심리치료실을 운영하면서 내담자들이 가진 문제들을 이해하는 것, 즉 그들이 어떻게 스스로를 표현하고 나와 내담자들의 상호작용 형태를 형성해가는 데 가장 효과적인 방법이 자아발달적 접근이라는 것을 알게 되었다.

이 책에는 내 현재의 삶에 대한 가슴 아픈 반영이 담겨 있다. 나는 중년의 나이에 죽음에 직면해 있다. 나는 내가 할 수 있는 동안, 무용/동작치료의 치유적 힘, 우리 자신의 삶의 활력, 느낌, 또 의미를 찾고 회복하는 데 필요한 힘에 관한 나의 이해를 공유하고자 한다. 무용/동작치료에 대한 나의 견해를 다른 무용/동작치료사들(여러분)과 나누고자 한다. 이것은 우리가 하는 작업에 대해 이해하게 된 것에 대한 나의 진정한 기쁨, 그리고 나 자신의 임상작업에 영감을 주고 풍부하게 해 준 과거와 현재의 무용/동작치료사들이 나눈 견해와 이해에 대해 깊이 감사하기 때문이기도 하다.

이 책을 완성시키고자 고군분투할 때, 특히 엄청난 지지와 너무나도 훌륭한 교정사항을 제안해 준 친구이자 동료인 Arlynne Stark, Linni Silberman-Deihl, 그리고 나의 친구 Helen Sloss Luey와 Kathleen Downing MacDougall에게 감사하다. 또한 Marion Chace Foundation Trustees의 이사진들, Sharon Chailklin, Ann Lohn, 그리고 Jane Downes가 보여 준 이 책에 대한 지원과 포용에도 감사하다. 그리고 이 세상의 무엇과도 바꿀 수 없는 나의 소중한 남편 Roger와 딸 Rachel에게도 감사하다. 그들의 변치 않는 사랑, 격려, 그리고 나 자신과 그들의 삶에서 진정한 나 자신의 모습으로 존재하라는 그들의 고집은, 이 책을 단순히 개인적인 목소리를 담은 글로만 쓴 것이 아니라, 내 목소리를 세상에 전할 수 있는 용기를 주었고, 내 삶 자체를 변화시켰다.

part **1**

내담자들과의 작업

서 론

나는 수많은 시간들을 무용/동작치료가 무엇이고, 어떻게 도움을 줄 수 있는지에 대해서 잠재적 내담자들에게 설명해 왔다. 2년 전 나는 잠재적 무용/동작치료 내담 자들에게 편지 쓰는 작업을 했다. 이것은 나의 개인심리치료실을 활성화하기 위한 수단이기도 했다. 그리고 무용/동작치료사로서 지금 하는 일에 대하여 일반인들이 사용하는 언어와 개념들로 명확하고 분명하게 적을 수 있는지 나 스스로를 알아보 기 위함이기도 했다.

나는 그 편지에서 움직임에 관한 네 개의 다른 내적 태도와 무용/동작치료를 시작 할 때 내담자가 경험할 수 있는 내적 그리고 외적 어려움에 대해 설명하였다. 이 편 지를 독자인 여러분과 공유한 후에, 움직임에 대해 나타나는 네 가지 다른 태도에 대해서 임상 사례를 함께 보여 주고자 한다. 각각의 사례에서 다음의 것을 설명할 것이다.

1) 내담자가 경험하는 곤란함과 신체방어
2) 신체방어가 전환된 주목할 만한 세션
3) 평범한 무용/동작치료 작업 과정

그리고 치료적 과정에서 나타난 움직임을 통해서 치료사와 내담자의 관계를 살펴볼 수 있는 방법들을 묘사하고자 한다. 마지막으로 우리 무용/동작치료사 모두에게 임상현장에서의 사례들과 관련한 문제와 걱정거리들로 확장하여 토론하는 것으로 마무리하고자 한다. 나는 이 책을 통해서 우리 모두가 느끼는 (또는 느끼지 않으려고 하는) 감정의 외적인 표현과 경험하는 움직임 행동들을 일반인들이 이해하는 언어로 최선을 다해 설명할 것이다.

무용/동작치료란 무엇인가?

[잠재적 내담자들에게 보내는 편지]

당신은 (또는 나를 아는 그 누군가가) 내게 "도대체 무용/동작치료가 정확하게 무엇입니까?"라고 물었습니다. 내 생각에 이 질문을 통해서 당신이 정말로 묻고자 하는 것은, "내가 만약 당신과 함께 작업을 한다면, 나에게 무슨 일이 일어나는 건가요?" 또는 더 구체적으로, "당신은 나를 어떻게 움직이게 만들 건가요, 만약에 내가 움직이지 않는다면요?"입니다. 초기 단계에서 움직이는 것보다 더 중요한 것은 당신이 경험하고 있는 어려움을 나와 나누는 것이 가능하도록 서로를 알아가는 과정을 시작하는 것입니다. 그리고 함께하는 방법을 찾는 것입니다. '움직이는 것'은 초기 작업이 될 수도 있고 그렇지 않을 수도 있으며, 이것은 당신이 다른 사람과 소통하는 편안한 방법이 무엇인지에 달려 있습니다. 나는 우리가 움직임을 하는 것에 대해 당신이 이해가 되고, 할 수 있다고 느껴지고, 움직이기 시작할 방법을 찾기 전까지 당신에게 움직이는 것을 권하지 않을 것입니다.

당신은 움직이는 것이 의식적으로 정교하게 계획된 신체행동일 거라고 생각하여, 움직임을 안전한 것이 아니라고 느끼는 사람일 수도 있습니다. 하지만 또 당신은 무용을 사랑하는 사람일 수 있지만, 스스로의 감정들로부터 도피하여, 외적으로 드러나는 발레, 포크댄스, 또는 무용을 이용한 운동으로 반복된 춤을 추는 것을 안전하게 느낄 수도 있습니다. 당신은 진정으로 무용을 그리워하는 사람일 수도 있지만, '당신의 숨기고 싶은 감정'들을 나누는 것은 이러한 무용의 형태로는 이루어지지 않을 것입니다. 또는 당신은 자신의 감정을 표현적인 움직임을 통해서 탐색하는 방법과 어떠한 안내를 원하는 사람일 수도 있습니다.

당신이 어디에서 시작하든지 간에, 무용/동작치료 작업은 동일합니다. 무용/동작치료 작업은 당신의 감정을 경험할 수 있을 정도로 안전감을 느끼고, 느끼는 그대로 표현하고, 느끼는 바를 말할 수 있도록 돕습니다. 당신이 자신의 감정을 제어하고 차단하기 위해 당신의 신체를 사용하는지 발견했듯이, 당신은 감정을 제어하고 또한 동시에 서서히 마음을 터놓기 위해 신체를 사용하는 방법을 발견할 수 있습니다. 당신의 감정을 표현하도록 신체를 사용하는 것은 당신의 감정을 정리하고, 되찾고, 다스리는 것을 가능하게 합니다.

의식적이고 계획되어 표현하는 움직임 또는 타인의 존재하에 추는 춤은 두 가지 문제점이 있습니다. 이 두 가지 문제에 대한 해결이 공포스럽지 않다면 최소한 두려울 수 있으며, 이는 함께 작업하는 데 있어서 아주 중요한 부분입니다. 첫 번째 문제는 당신의 밖에서 자신을 목격하는 자신입니다. '나는 무엇을 기대하고 있을까, 어떻게 당신을 판단할까, 어떤 다른 결과를 가져올까(인정 혹은 거절, 혐오, 창피 등)? 당신이 알지만 숨기는 것들, 또는 당신조차도 알지 못하는 것들에 대해서 내가 무엇을 알 수 있을까? 당신은 내가 당신에게 해를 끼치지 않는다는 것을 믿을 수 있을까? 또는 내가 당신에게 상처를 준다면 그 상처를 우리가 회복시킬 수 있을까?'

두 번째 문제는 움직이는 사람, 즉 당신 자신과 당신 내면에서 바라보는 목격자입니다. 당신 자신으로부터 무엇을 기대하고 있습니까? 당신 스스로를 어떻게 판단하고, 그것에 따른 결과들은 무엇입니까? 당신 내면에 있는 무엇이 그렇게 두렵거나, 불결하거나, 약해서, 당신 자신을 희생하면서까지 숨겨야만 합니까? 당신은 어떤 면에서 자신이 낯설게 느껴집니까?

당신이 움직일 준비가 되었을 때 우리는 당신이 어떻게 시작하고 싶은지, 어떤 방식의 워밍업(근육의 긴장감을 감소시키는 신체적 준비)을 하고 싶은지, 그리고 당신이 세션의 어떤 부분 혹은 전체에서 나와 함께 혹은 가까이에서 움직이기를 원하는지에 대해 이야기할 것입니다. 위에서 언급한 어려움을 해결하기 위해 함께 작업하면서, 당신은 내가 있는 상태에서 움직이는 것에 대해 좀 더 편안해지고, 당신이 밖으로 나아가 탐색할 준비가 되었는지 알게 될 것입니다. 나는 항상 당신을 움직이도록 격려할 것입니다. 왜냐하면 자기표현적 움직임은 이 작업의 핵심이기 때문입니다.

우리가 각각의 세션에서 하고자 하는 것은 말하는 것과 움직이는 것의 특정한 균형을 가지는 것입니다. 이것은 당신에게 느낌, 생각, 그리고 움직임을 경험하고 명료하게 하며, 최종적으로 이것들을 통합하게 합니다.

당신 신체로부터 전해지는 메시지(감각, 충동, 이미지)에 귀를 기울이는 것을 배우고, 표현적 움직임으로 이러한 메시지를 나타내는 것은 감정의 상태를 직접으로 경험하게 합니다. 당신이 경험한 것에 대해 이야기하는 작업은 광범위한 생각들과 여타의 다른 아이디어와 드러난 감정들의 가능한 연관성에 대해 당신 자신과 나(치료사)와 논의할 수 있도록 합니다. 우리는 매 세션마다 감정을 느낀 다음 명료히 하고, 이 감정에 언어와 표현적 움직임의 형태를 제공함으로써 과거와 현재에 겪었던 사건들과 이를 연결하는 것을 반복합니다.

이렇게 해서 '움직임'은 점진적이고 신중한 과정에서 일어나며, 이 과정은 공연, 멋지게 보이는 것, 또는 '정확히' 하는 것과 아무런 상관이 없다는 것을 당신은 알게 됩니다. 무용/동작치료를 통해서 당신이 누구인지, 무엇을 느끼고 필요로 하고 원하는지, 또 어떻게 자신과 타인과 공생할지에 대해서 (당신의 내부 그리고 외부와) 대화함으로써, 당신은 자신의 온전한 전부와 자신의 감정을 표현하는 또 하나의 방식으로 표현적 움직임을 사용하는 것을 배웁니다.

임상 사례

[A]

**움직이는 것을 두려워하거나
움직일 수 없는 내담자의 사례**

에이미는 30대 여성으로 그녀의 정신과 의사가 의뢰하여 오게 되었다. 그녀의 병력으로는 갑작스런 회상을 동반한 해리성장애, 섭식장애, 지속적인 자살충동을 느끼는 우울증이 있었다. 이러한 증상들로 24개월 전에 입원했었다. 그녀는 직장생활이 가능했으며, 다만 간호사로서의 업무를 해내는 것에 약간의 어려움을 겪고 있었다. 그녀는 자신의 일을 통해 하루하루 생동감을 느끼며 살아가고 있었다.

그녀는 처음 세션을 시작할 때 두 세션을 연속으로 취소하였다. 우리는 전화를 통해서 치료실에 오는 것이 얼마나 두려운 일인지, 도움을 필요로 하는 것이 얼마나 창피한 일인지 이야기한 후에서야, 그녀는 나의 스튜디오에 올 수 있었다. 그녀는 스튜디오에 들어서자마자 바닥의 작은 카펫에 앉아, 무릎을 가슴 가까이 끌어안고서는 조급하게 이야기를 시작했다. 그녀는 자기 자신과 나, 그리고 움직인다는 것에 두려움을 가지고 있었지만, 이야기를 하는 것은 가능했다. 그래서 우리는 이렇게 세션을 시작했고, 몇 주 동안 같은 방식으로 세션은 지속되었다(일주일에 한 번씩 방문). 6주가 지난 후에, 그녀가 더 이상 꽉 조이는 듯 앉지 않을 때, 나는 세션의 마지막 몇 분 동안 함께 스트레칭하자고 제안했다. 에이미는 밝게 웃으며 동의했다. 그녀는 소녀와 같은 작은 목소리로 스트레칭이 얼마나 기분을 좋게 하는지 말하고나서, "우리 이제 그만해도 될까요?"라고 했다. 우리는 세션의 마지막에 몇 분 동안 구조적인 스트레칭을 시작했다.

이러한 에이미의 모습에서 우리는 그녀의 어려운 점과 신체방어를 명확하게 관찰할 수 있었다. 창피함과 두려움, 욕구 사이에서의 갈등, 그녀의 입을 제외한 모든 신체 부분들은 경직되어 있고, 내가 끼어들거나 담기가 어려울 정도의 쏟아질 듯 밀려드는 그녀의 말, 정보, 그리고 감정들. 우리가 스트레칭을 함께 할 때, 그녀는 자신의 신체를 마치 자신의 것이 아니며, 자신이 원하지 않은 것처럼 움직였다. 움직임을 억지로 하는 듯하며, 불안정한 강도, 거의 최소의 형태 또는 호흡의 사용, 수동적 몸통, 쓰러지고 싶은 충동으로 인한 땅으로 꺼지는 듯 무거운 모습으로 나타났다.

에이미가 분명하게 기억하는 첫 세션은 우리가 같이 작업한 지 6개월이 지난 후의 세션이었다. 그 세션에서 에이미는 매우 우울했으며, 누워 있거나, 공에 몸을 기대어 동그랗게 말아 숨어 있었다. 나는 그녀에게 쿠션을 주었고, 혹시 무엇인가를 덮고 싶은지 물었다. 그녀의 동의하에 나는 반투명한 천으로 그녀의 몸을 덮어 주었다. 나는 방의 불빛을 어둡게 하고 그녀 옆에 앉았다. 그녀는 자신이 매번 있는 자리에 있지 않았고, 그녀 신체의 긴장감에 변화가 생기면서 그 긴장감은 사라졌다. 그녀는 이제 자신과 나를 믿고, 바닥에 누워서, 긴장을 이완하고 무너져 내릴 수 있을 만큼 '충분한 안정감'(에이미의 말)을 느꼈다. 이 세션은 우리가 함께 한 작업에서 그리고 에이미 자신의 인생에서도 전환점이 되었다. 이후의 세션에서 회상이 일어난 것을 허용할 수 있을 정도로 충분한 내적 긴장을 이완할 수 있게 되었다. 이것은 그녀를 바닥의 하나의 지정된 공간에서 다른 공간으로 이동하게 했고, 그녀의 신체를 움직이게 했다. 그리고 그녀는 유년시설부터 경험한 공포, 분노, 그리고 외로움을 표현할 수 있게 되었다. 세션 이외의 그녀의 개인적인 삶에서 에이미는 어머니의 집을 떠나 자신만의 아파트로 이사할 수 있는 준비에 들어갈 수 있었다.

이 세션은 신체방어를 사용하는 것에 대한 변화를 가져다준 것으로 주목할 만하다. 에이미는 자신이 마치 존재하지 않은 듯한 느낌과 존재하고 싶지 않은 느낌을 언어적으로 그리고 비언어적으로 분명히 표현했다. 그녀는 아동기에 가족들에게 자신의 감정과 욕구를 무시하는 과도한 침해와 폭행을 당했고, 초기 성인기에는 자신과 동료들에게 폭행을 당했다. 에이미는 다른 사람에 대한 분노 때문에 자신을 타인에게서 멀리했다. 그녀가 앉아서 자신을 꽉 끌어안고 있는 것은 감당하기 어려운 감정들로부터 자신을 보호하는 것이었다. 또한 그녀는 자신의 분노로부터 타인도 보호하고 있었다. 그녀에게 움직임은 위험한 것이었다. 만약에 자신의 신체에서 일어나는 경험을 그대로 두거나 혹은 두지 않는다면, 그녀는 어떻게 움직일까? 그리고 이 두 가지 경우 중 어떠한 일들이 일어날까? 그녀의 꽉 끌어안은 모습은 자신의 내부 혹은 외부로부터 상처받거나 압도당하는 것에 '안 돼'라고 말하는 것이었다. 나는 치료사로서 움직인다는 것이 에이미에게 어떤 것이라는 것을 알고 나서, 세션의 마지막 부분에서 함께 스트레칭하는 그녀의 용기(불쾌한 것에 대한 두려움)에 대해 놀랐다. 그 이후로 나는 에이미에게 자신의 존재를 느끼는 경험이 필요하거나 자신의 신체에 대한 통제를 경험해야 할 때만 스트레칭을 제안했다. 나는 언제나 그녀에게 왜 움직임을 제안하는지 설명했고, 움직임을 권장하면서 언제나 그녀와 함께 움직였다(그녀는 내가 스트레칭하는 모습을 따라 했다). 또 그녀가 멈출 준비가 되었을 때, 우리는 항상 움직임을 멈췄다. 그녀가 바닥에 누웠던 세션에서는, 자신의 신체 무게를 바닥에 완전히 내려 놓을 수 있었다. 그녀는 누워 있는 바닥과 덮고 있는 천이 경계, 피난처, 그리고 그녀 자신을 보듬어 주는 공간이 되었다. 그녀는 우리를 상처받게 하거나 떠날 거라는 충동을 이끄는 강력한 두려움에 의해 마비되지 않고, 그녀 자신과 나를 충분히 신뢰할 수 있게 되었다.

거의 2년이 지난 후에 에이미는 자발적으로 자신의 분노의 춤을 시작할 수 있었다. 수개월 동안 우리는 스트레칭하는 움직임에 다양한 감정(슬픈 스윙, 좌절감이 담긴 털기, 분노가 담긴 밀어내기와 발 구르기, 소중하게 모아서 간직하기 등)을 포함시키는 작업을 함께 해 왔다. 이 특정 세션에서 그녀는 춤 출 준비가 되어 날아오듯 스튜디오에 들어왔다. 그녀는 "나 너무 화가 나요."라고 했다. 그녀는 큰 북을 두드리며, 울려퍼지는 분노의 비트를 불러일으키며 작업했다. 그녀는 자신의 내면의 북 리듬을 온몸으로 느끼며, 발을 구르고, 주먹으로 때리고, 회전하고, 긁으

무용동작치료 임상노트

며, 춤을 추기 시작했다. 에이미는 춤을 다 추고나서 감정을 실어서, "너무 좋았어요."라고 말했다. 2년 이상 함께 작업한 후에, 에이미는 자신의 분노에 책임을 지고 이를 표현하는 것이 가능해졌다. 아마도 에이미가 통제감을 잃지 않고, 자신 스스로를 지나치게 의식하지 않으면서, 자신의 분노를 허락하는 것이 가능했다는 것이 더 명확한 표현일 것이다. 그럼에도 불구하고 그녀가 바닥에 쓰러졌던 세션 이후로, 가장 자신의 신체에 온전히 존재하고 감정으로 가득 찬 움직임이었다. 바닥으로 무너져 내린듯한 그 세션 이후, 그녀는 이에 대해 다시는 언급하지 않았다.

이 분노의 춤은 연이은 상실에 의한 것임이 드러났다. 그녀가 (신체와 감정적으로 자신을 학대한 어머니로부터 분리되어) 자신의 아파트로 이사한 지 얼마 되지 않아 그녀는 또 다른 두 가지를 상실했다. 부당하게 직장에서 해고당했고, 자신의 주 치료사(치료를 의뢰했던 정신과 의사)는 개인치료실을 급작스럽게 닫고 다른 도시로 이사 갔다. 이후 에이미는 두 명의 새로운 정신과 의사를 만나보았지만 이전 치료사가 자신을 버렸다는 분노로 인해 치료로 연결되지 못했다. 우리는 이 기간 동안, 그녀가 과거와 현재에 경험했던 다양한 범위의 관계, 그녀 자신과의 관계, 우리가 함께 만들어 낸 관계를 살펴보면서, 관계의 개념에 대해 작업했다. 그녀는 이 작업 시기에는 매우 힘든 세 가지 상실로 괴로워했으며(앞에서 묘사했듯이, 분노의 춤이 절정을 이루면서), 그녀의 즉각적인 분노의 몸짓과 조각난 움직임들이 나타났다. 이 시기에 에이미에게 있어 그녀에 대한 나의 일관성과 신뢰성은 특별히 중요했다.

우리의 작업에 중요한 또 다른 부분은 다른 사람에게 학대당했다는 분노로 인해, 에이미 자신이 얼마나 비열해질 수 있는지 인식하는 것이었다. 사실 에이미는 이미 자기학대를 하는 것에 매우 익숙했다. 첫해는 우리가 함께한 작업이 사소한 이유(미용실 예약, 차 수리 등)들로 취소되는 일이 빈번했다. 이러한 행동은 그녀의 새 정신과 의사와의 만남에서도 반복되었다. 우리가 그녀의 학대적인 면에 대해서 언급하자, 이러한 행동들을 완전히 멈추었다. 에이미('자기')에게 내재된 어떤 생각, 감정, 그리고 행동들이 자기 것인지 또는 타인 것인지를 구분하는 과정이 다른 사람과의 관계 안에서 어떻게 일정한 한계를 정하는지를 배우는 것이었다면, 주목할 만한 치유였다. 그녀는 이러한 세 가지 상실을 경험하면서 솟구치는 분노를 조절하고 자신을 되찾을 수 있게 되었다.

자신을 스스로 알아 가며, 정리하고 다듬어 가는 과정 속에서 단단해지고 온전해졌으며 강인해졌다. 그러므로 에이미가 경험한 강인하고 다른 사람을 보살피는 나(치료사)는 더 분명해지고 온전해졌으며, 이상화되지 않았다. 그녀는 이러한 작업(지금까지 거의 4년간의 작업)을 통해서 우울감이 줄어, 대인관계에서 더 나은 판단을 할 수 있게 되고, 자신의 감정과 생각을 표현하는 데 있어서 자신감이 생겨나고, (그녀가 깊게 애착을 가졌던 사람들과 자신에게 너무나도 큰 상처를 주었거나 실망시킨 사람들을 그리워하고) 비통해할 수 있게 되었다. 지난해는 매 세션에서 (그녀의 동의하에) 움직일 때마다 그녀가 정한 주제가 '이것은 내 몸이다'가 되는 변화가 있었다. 그녀는 스트레칭, (전후 좌우로) 흔들기, 털기, 미끄

러지듯 움직이기, 주먹으로 때리기, 그리고 공간을 이동하며 움직이기를 포함하여, 자신만의 움직임을 결정하면서, 자신의 적극적 시작, 완성, 숙달, 통제의 신체경험에 대해 내적으로 집중하였다. 우리는 함께 움직이는 것을 지속하였으나, 이제 그녀는 나를 따르는 움직임에서 자신을 따르는 움직임으로 변화를 자주 보이고 있다.

에이미와의 작업을 돌아보면서, 이 작업이 얼마나 천천히 진행되었고, 얼마나 어려운 일이었는지에 놀란다. 이것은 내담자에게는 겁나는 일이고, 치료사에게는 아주 힘든 일이다. 에이미에게 도움이 된 것은 우리가 함께 만들어 낸 특별히 구성된 움직임(스트레칭, 흔들기, 털기)이었다. 우리가 함께 만든 이 움직임에는 그녀가 언어적으로 찾아낸 감정과 내가 그녀의 신체태도에서 언어적으로 또 운동 감각적으로 관찰한 감정들이 포함되어 있다. 예를 들어, 우리가 '나는 존재하지 않아요'라는 그녀의 감정들에 대해 적극적으로 작업을 하고 있을 때, 두 개의 다른 신체화된 감정들이 드러났다. 처음에 에이미는 자신의 머리, 척추, 팔, 다리 안으로 웅크리고 앉아 있는 신체태도를 보였다. 그다음에 그녀의 신체태도는 반항적이며, 화가 난 듯한 제스처로 밀어내고 멀리 하려는 모습을 보이고, 자신의 머리와 척추를 곧추세웠다. 우리가 말할 때 내가 어떠한 패턴이든 관찰하면서, 나는 이것을 내 신체로 가지고 와서 움직였다. 그녀가 나를 따라 움직였으므로, 나는 몸을 작게 하거나 '아무것도 아닌 것'처럼 움츠리거나, 나의 머리와 척추를 꼿꼿이 세우든지 간에, 그녀가 나를 따라 움직일 수 있도록 그녀의 감정을 반영하면서, 나는 나의 제스처의 움직임을 명확하게 몸통에서 떨어져서 했다. 에이미는 이 구조화된 움직임을 통해서 자신을 찾을 수 있었으며, 점차적으로 자신의 것으로 내용과 구조를 채워가면서 서서히 나를 따라 하는 것에서 벗어날 수 있었다.

무용을 사랑하지만
외적인 무용형식을 사용하여
감정으로부터 도피하는
내담자의 사례

베스는 자신의 정신과 의사 추천으로 나를 만나러 왔다. 그녀의 치료는 순조롭게 진행되었고, 직장생활과 타인과의 관계에서 창의적이고 활동적이라고 적어 놓았다. 그녀는 자신의 신체에 대한 어색한 느낌을 가지고 있었고, 자발적으로 (움직이는 것에 두려워하고) 움직일 수 없었다. 그녀의 목표는 즉흥적으로 움직이게 되는 것과, 자신만의 무용을 만드는 것이었다. 그녀는 신체화되고, 침착하며, 통합된 자기감을 유지하기 위해 구조화된 운동에 너무나도 의지하는 활동적인 사람이었다. 또한 베스는 심각한 해리성 정체장애로 자신이 의식하는 삶에서 매우 힘들어하고 있었다[그녀는 자신을 '다중인격장애(최근 해리성장애로 변경됨)에서 회복'된 사람으로 묘사하였다].

초기의 세션들(그녀는 일주일에 한 번씩 방문)에서 그녀가 움직임을 방어수단으로 사용하는 것이 꽤나 분명하게 드러났다. 그녀는 두려움, 슬픔, 분노, 자신에 대한 나쁜 감정으로 가득 차서 몸을 웅크리고 앉아 있었고, 그녀의 이런한 감정들은 얼굴, 손, 목소리, 뛰어난 어휘력과 그녀가 잘 움직인다는 사실에 숨어 있었다. 그녀는 모든 종류의 강하고 판에 박힌 에어로빅 움직임을 반복하였다. 그녀는 자신의 신체와 반복된 형태의 에어로빅을 숙달하는 것을 중요하게 느꼈다. 그녀에게 내가 자신을 관찰한다기보다는 지지한다고 느끼게 하기 위해서, 그리고 내가 움직임을 통해 그녀를 알아가는 것과 같이 그녀도 나를 알아갈 수 있도록 하기 위해서, 우리는 함께 움직이는 것에 동의했다. 내가 그녀와 함께 움직이는 동안, 그녀가 할 수 있는 모든 움직임들을 보여달라고 했다. 그렇게 함으로써 그녀는 숙달의 즐거움과 나보다 더 강하고 유연한 것에 대한 그녀의 기쁨을 공유할 수 있도록 하였다. 베스의 지적, 정서적, 신체적 힘은 놀라웠다. 나는 처음부터 이러한 그녀의 능력을 모두 온전히 인정하였다. 그녀가 나에게 자신이 새롭게 움직일 수 있는 방법들에 대해서 보여달라고 할 때, 나는 동일한 연속적 형식의 움직임을 유지하면서, 좀 더 흐름이 있고, 둥근 형태의 스트레칭과 전후/좌우로 자유롭게 흔들거리는 듯한 스윙을 선보였다.

그녀의 신체방어에 대한 기본적인 변화가 다음의 세션들에서 일어났다. 이 세션들에서는 새로운 차원의 통합에 몰두하였다. 우선 베스는 앞서서 자신의 내면에 어떠한 감정이 있는지 말했다. 그리고 나서 그녀는 강하고 통제적이며, 에너지가 넘치는 틀에 박힌 움직임을 보였다. 그런 후에 그녀는 자신이 묘사했던 그 감정들을 움직임을 통해서 표현할 수 있도록 안내해 달라고 말했다. 곧 그녀는 나의 움직임 방식을 자신의 것으로 만들려고 노력하면서 자신의 파편적 움직임을 덧붙이기 시작했다. 이 파편적 움직임들 중 하나가 베스에게는 큰 도움이 되었다. 그녀는 무섭고 화난 얼굴로 두려워하며 뒤로 물러서고 얼굴을 숨기는 움직임을 하였다. 우리가 이 감정에 머무르자, 그녀는 마침내 그 얼굴과 더 깊은 감정이 무엇인지 알아낼 수 있었다. 이로 인해 학대당했던 세상에서 그녀가 한 것과 본 것 간의 혼란이 드러났다. 베스가 무엇을 보았고, 무엇을 했는지에 대해 분명히 구별하는 것으로 자발성에 대한 두려움을 완화시키기 시작했다. 이것은 마치 자발성이 '나쁜 것'에 대한 감당하기 어려운 감정으로 직결되는 것 같았다. 이 '나쁨'의 감정은 다른 사람들에 대한 '나쁨'의 느낌들을 포함하고 있었기 때문에 이 감정은 너무나 거대했다.

우리의 관계가 성장한 시기는 매우 적극적인 움직임 세션들이 진행될 쯤이었다. 베스는 나(치료사)로부터 자신의 방어적 움직임에 대한 존중, 얼마나 이러한 방어들이 필수적인지에 대한 인정을 필요로 했다. 그리고 그녀의 행복, 안녕, 자기답게 존재하기 위해서 이 방어들이 필요하다는 것을 나로부터 인정받고 싶어했다. 또한 그녀는 자신의 움직임이 감정을 잘 담고 있는 움직임일 뿐만 아니라, 자기표현의 창의적인 형태로 자신의 움직임의 기술을 사용하라는 나의 격려를 필요로 했다. 그녀는 자기표현적인 춤을 추고(하는 것), 놀라운 창의적(보이는, 상상하는) 이미지들을 그녀만의 시처럼 만들기 위해, 내면적으로 충분히 안전하다고 느낄 필요가 있었다. 그녀는 이제 다음 단계로 갈 준비가 되었다. 그녀는 자신이 직접 쓰거나 다른 사람이 쓴 시를 가져오기 시작했다. 그녀는 감정을 실어 그 시들을 큰 소리로 아름답게 읽었다. 우리는 이 중 어떤 시의 운율, 의미, 소리, 흐름 그리고 분위기들이 어우러져 시각적 이미지와 형태가 되는 춤이 될 수 있을지 상상했다. 그녀는 자신이 사랑하는 이미지를 가지고 움직임을 시도하였고, 그 이미지가 어떤 모습인지 볼 수 있도록, 나에게 그녀의 움직임을 가르쳐 주었다. 그런 다음, 내 차례가 되어 나도 똑같은 방식으로 움직임을 만들고 가르쳤다. 우리는 각자의 감정적 반응과 표현을 위해 만든 움직임을 통해서 우리들 사이에 드러나는 유사점과 차이점을 알아가면서, 이런 방식으로 주거니 받거니 움직이며 공유하는 것을 계속하였다.

　후반부 세션들은 이러한 작업이 분명해지고 확장되었다. 그녀는 자신이 사랑하는 시, 특별한 물건, 꽃, 그림을 지속적으로 세션에 가져왔다. 그녀는 혼자서 움직이는 것이 더욱 편해지면서, 내가 곁에서 조용히 그녀를 바라보고 수용하는 동안, 자신이 선택한 물건이나 이미지들이 무엇이 되든지, 그녀는 자기 안에서 감정이 담긴 움직임이 나오도록 할 수 있게 되었다. 우리가 함께 한 말기부분(거의 2년 동안)의 작업에서 그녀는 감정들을 조합하여 짧지만 매우 감정적으로 풍부한 자신만의 춤을 만들어 낼 수 있었다.

> 춤추기를 갈망하지만
> '목에 칼이 들어와도'
> 절대 자신의 춤을 보여 주지
> 않을 내담자의 사례

카렌은 그녀의 무용/동작치료사의 의뢰로 나에게 오게 되었다. 그녀는 움직이는 것을 매우 좋아했으며, 현대무용에 푹 빠져 있었고 무용공연을 많이 관람했다. 나이는 30대로 억제된 자신의 행동으로 숨이 막혀 버릴 것 같은 느낌을 가진 전문직 여성이었다. 그녀는 자신이 본 무용들 중에 깊은 감명을 받은 작품들에 대해서 이야기하였다. 그녀는 제스처를 자신의 언어와 함께 사용하면서 묘사를 더 잘할 수 있었지만, '보여진다'는 것에 대한 수치심과 두려움으로 가득 차 있었다.

카렌은 최근 중요한 관계에서의 상실로 인해 몹시 심란하며, 바닥에 앉아서 우는 것으로 나와의 작업이 시작되었다. 그런 다음 그녀는 자신을 움직이게 하는 것이 가능해졌으며, 어느 지점에서 움직임이 막힌다는 것을 알게 되었다. 그녀는 자신이 만약 이 '지점(spot)'을 떠나게 된다면, 완전히 대책 없고 두려워하게 될 것이라는 느낌이 자주 일어난다고 말했다. 그녀는 가능한 최대로 자신의 상체를 지지하고, 팔, 가슴, 어깨, 그리고 머리에 움직임의 핵심이 되도록 하면서, 마치 자신의 발을 정박한 배의 닻처럼 뻗고 있었다. 양팔과 손으로 뻗어 나가고, 밀어내는 움직임으로 빠르게 전환되었다. 그리고 나서 그녀의 양팔과 손이 거대한 바위 같은 단단한 몸을 향해 되돌아 오자, 자신을 안고서 전후 좌우로 흔들었다. 이러한 방식으로 소통된 그녀의 슬픔, 상처, 두려움, 외로움의 움직임은 너무나도 강력했다. 이것은 마치 두 개의 방어적 체계가 동시에 작동하는 것과 같았다. 그녀의 상체는 외부의 공격에 대항하여 방어하고, 뿌리 내린 하체는 자신 내면에서 스스로 느끼는 위험한 감정들로부터 대항하여 방어하는 것 같았다. 그녀는 부서지고, 분노하며, 애정에 굶주리고, 자신의 증오하는 감정, 그리고 무엇인가 또는 누군가를 필요로 한다는 것에 대한 수치심과, 다른 사람들과 가까워질 수 있을지에 대한 절망감에 대해 말했다. 그녀는 "나는 여기에서 안전한 느낌이 들어요."라며, 자신의 '지점'에 대하여 이야기하였다. 그 지점은 우리 작업의 시작점이 되었다.

카렌이 가진 방어체계의 첫 번째 변화는 그녀를 얼마나 자신이 연약하게 느끼는지 그리고 나의 존재에 대해 얼마나 위험할 수 있다고 느끼는지에 대해, 내가 알아차릴 수 있게 된 결과를 낳았다. 그녀는 그 지점이 얼마나 자신에게 중요했는지 말을 할 수는 없었지만, 그것이 매우 중요하다는 것은 명백했다. 처음에 그 지점에 머물고, 그다음에는 몰입하고 다시 벗어났다가 하면서, 나는 그녀가 그 지점을 충분히 탐색하도록 격려했다. 카렌의 상체의 움직임은 밖으로 뻗기, 밀어내기, 그리고 모으기가 주제가 되었다. 그녀의 골반과 두 다리로는 자기 자신에게 더 많은 충분한 지지를 주기 위해 몸부림치고 힘겨워하며, 그 지점에 대해 작업하고 있었다. 그녀는 갑자기 움직임을 멈추고, "나 지금 너무나 어색하게 느껴지네요."라고 말했다. 나는 "당신은 어색해 보이지만, 당신이 너무 두려운데 어떻게 어색하지 않을 수가 있겠어요?" 그 세션의 후반부에서 그녀는, 내가 혹은 누군가가 그녀를 비판하거나 일부러 안심시키지 않고 그녀가 느낀 바를 목격하고 인정할 수 있어서, 너무나 후련했다고 말했다.

이 세션 후에 그녀는 공간을 더 많이 사용할 수 있게 되었고, 자신에게 더 폭넓은 감정에 대해 작업할 심적 공간도 주었다. 그녀의 폭넓은 감정으로는 그녀의 몸이 자신에게 얼마나 차갑고, 날카롭고, 또 가혹하게 느껴지는지, 그녀의 격렬한 자주성과 경쟁심, 그리고 그녀의 깊은 외로움이 있었다. 그녀는 자신의 모든 욕구에 대해 연속적으로 일어나는 내적인 게릴라 작전과 같은 전쟁을 치르는 중이었다. 그녀는 자신의 몸에서 따뜻하고, 부드럽고, 양육적이며, 편안한 느낌을 갈망했다. 그녀는 자신의 몸이 감정과 더불어 움직일 수 있도록 허락했을 때, 자기 자신의 감정이 흘러나오도록 했을 때, 그녀는 따뜻함과 생동감을 느낄 수 있었으며, 그녀의 상체와 하체는 연결성을 갖기 시작했다.

그녀는 이제 그 지점이 무엇을 나타내는지 분명히 알 수 있었다. 이것은 폭풍우 치는 바닷가에 덩그러니 놓인 하나의 바위처럼 끔찍한 기분이었다. 이 지점은 그녀가 존재하고 별견될 수 있는 어린 시절에 '엄마를 기다리는 지점'이었다. 이것은 그녀가 가진 자신만의 지점이었다. 그녀가 마치 '그림자처럼' 자신의 삶을 살아오면서 느낀 죄책감, 갈등, 증오, 그리고 절망에 대한 새로움 춤이 등장했다.

카렌이 가진 방어체계의 두 번째 변화는 그녀가 2주간의 휴가를 마치고 온 후이며, 우리가 작업한 지 9개월의 시간이 흘렀을 때쯤이다. 그녀는 치료실에 들어와 앉고서는 기분이 훨씬 좋아졌다고 말했다. 그녀는 무용/동작치료가 진짜 효과가 있을지 혹은 자신에게 도움이 될지 모르겠으며, 나를 개인적으로 좋아하지만 나와 작업하는 것을 그만두기로 결정했다고 말했다. 나는 그녀에게 물론 나와의 작업을 중지할 수는 있지만, 내가 그녀를 이런 식으로 떠나게 내버려두지 않을 것이며, 그렇게 내버려 둘 수 없다고 반응했다. 나는 그녀가 나와 그녀 자신에게 얼마나 못되고 나쁜지, 그리고 내가 느낀 분노, 거절과 유기적 행동이 그녀가 얼마나 겁내고 나를 필요로 하고 의지하고 있는지 알도록 도와주는 그녀의 방법이라고 지적했다. 그녀는 울음을 터트렸고, 나와의 작업을 이어가기로 했다.

이러한 우리의 작업이 계속됨에 따라, 이 상호작용은 상대방을 이해하는 데 우리 각자에게 있어 매우 중요했다. 카렌은 나와 함께 있는 것에 대해 더욱 안전하게 느끼게 되었다. 왜냐하면 나의 분노는 확실하고 명백하지만, 그녀에게 못되게 굴거나 파괴적인 분노를 표현하지 않았고, 자신만 인정 없고, 형편없는 게 아니었기 때문이다. 그녀의 춤은 더욱 못되고, 화나고, 미워하는 것의 내용으로 채워졌다. 그녀는 더 이상 자신의 몸에 대해 창피하거나, 어색하거나, 분리된 듯 느끼지 않았다. 그녀는 죄책감을 대신하여 반복으로 막혀 있는 어떤 충동을 느꼈다. 예를 들어, 그녀는 "그 여자 머리 위로 의자를 내던지고 싶어요."라고 말하며 충동과 이미지를 경험하였다. 그녀는 움직이면서 갈등하였다. 그녀는 그 상상의 의자를 들어 흔들고 밀 수는 있지만, 그 의자를 부숴버릴 수는 없었다. 그녀는 죄책감과 좌절감을 느꼈고, 손톱으로 손을 긁고 있었다. 이는 분노를 표현하고 싶은 욕구와 좌절과 죄책감을 이끌어 낸 자부심을 유지하려는 그녀의 욕구 사이에서 생겨나는 갈등의 표현이었다. "이 의자는 너무 고통스러워요." 그 충동은 너무 아프고, 너무 위험하고, 너무 "나빠요." 움직임을 통한 방어가 숨겨져 있지만 소금은 거창한 자아감을 위한 보호장치로 그녀를 숨기기 위한 것으로 드러나기 시작했다.

이러한 분노, 죄책감, 가혹한 춤들이 세션에 등장함과 동시에 다른 형태의 춤들이 나타났다. 이 새로운 형태의 춤에서, 그녀는 (그녀의 '지점'이 확장된) 큰 원형의 경로를 만들었다. 그녀가 때로는 천천히, 조심스럽게, 또는 급작스럽게 빠른 걸음으로 뒤로 물러서며 어둡고, 무겁고, 텅 비어 있는 무서운 구덩이에 대해 묘사하였다. 그녀는 무력하게 암흑 속으로 빠져들까 두려워하는 그림자 같은 느낌이 들었다.

그녀의 방어체계의 또 다른 분리는 2개월이 지난 후에 나타났다. 그녀는 세션에 늦게 도착했고, 항상 늦었던 그녀의 엄마처럼 된 것에 대하여 자신을 자책하였다. 그녀는 눕고자 하는 충동을 느꼈다. 그녀는 완전히 비참해하며 등을 대고 누웠다. 그녀 안에 존재하는 크고 텅 빈 암흑의 구덩이에 대한 느낌을 묘사하였다. 나는 그녀 내면의 구덩이가 얼마 전 세션에서 그녀가 주위를 걸었던 그 지점과 닮지 않았냐고 물었다. 나는 그녀 내면의 구덩이가 그녀의 어머니와 어떻게 연결되어 있는지, 또한 그녀가 어머니와 얼마나 유사한지 또는 그렇지 않은지에 대해서 어떻게 연결되어 있는지 궁금했다. 그녀가 생각과 감정을 움직임으로 표현하자, 처음으로 분리의 춤(어머니로부터)이 나타났다.

이 세션을 마치고 난 후에 그녀는 자신이 원하는 어머니상을 결코 가질 수 없었던 어린 시절의 자신을 위한 애도를 시작할 수 있었다. 그리고 이 작업은 누군가를 그리워하는 감정에 대해 궁금해하고, 자신의 실망과 상실의 큰 '솥'(구덩이)을 인정할 수 있었다. 그녀는 바닥에 눕거나, 앉거나, 일어서는 것을 연결하고, '구덩이'를 가지고 사는 것과 관련한 작업으로 자신의 몸을 감싸안거나, 웅크리며, 뒹구는 동작을 하기 시작했다. 그녀는 바닥을 사용하면서 몸을 더 부드럽게 사용하기 시작하였다. 그녀는 더 연약하고, 이완되고, 자신의 신체를 통해 지지에 대한 욕구들과 더욱 연결된 듯했다.

우리가 함께 한 마지막 단계의 작업에서는 자신이 세상 모든 것보다 낫다고 생각하는 그녀의 방어적 우월감(거창함)에 대해서 다루었다. 즉 그녀가 얼마나 분노하고 실망했는지 자신이 소중히 여기는 사람들을 얼마나 그리워했는지, 도움을 요청하기 어려운 시기에 얼마나 개인적으로 (심리치료가) 필요했고, 직업적으로 (협업과 자문이) 필요했는지 말이다. 그녀는 자신이 날 수 없다는 현실을 (부인, 완벽함에 대한 기대, 아무도 아무것도 필요로 하지 않는 것) 직면하고, 처음으로 이 세상을 걷는 법을 배우는 느낌이 들었다. 움직임 작업은 모든 주제들은 걷기 위한 것과 관련하여 점진적으로 나아갔다. 균형, 지지, 원동력, 자기 통제, 조각난 신체부분 또는 행동과의 연결과 통합, 좌절, 분노, 그리고 무력감이라는 주제 아래 이루어졌다.

카렌에 의해서 사용된 모든 움직임의 방어기제들은 어두운 구덩이 주위에 결점 없이 벽을 쌓는 것과 연결되어 있었다. 또한 이는 그녀의 인생 전반에서 다른 사람을 필요로 하고, 어떤 상황에서든 자신을 다 갖추고, 강하고 유능한 사람으로 보여줘야 했던 자신에 대한 분노, 상처, 수치심의 벽을 쌓는 것과도 연결되어 있었다. 완벽해야만 하는 수많은 사람들이 그러하듯, 진짜 문제는 의존하고자 하는 욕구에 직면하는 것이었다. 이 욕구들은 타인과의 친숙함과, 자신과 타인을 비롯한 모든 대인 관계를 오염시키는 분노, 두려움, 수치심, 그리고 죄책감을 야기시킨다. 이 내담자는 버려지는 것에 대한 큰 두려움이 있었다. 그럼에도 불구하고, 그녀는 불가능한 자기 기대와 다른 사람들을 기쁘게 하고자 하는 그녀의 열망이 그녀를 그렇게 붙들어 놓았다는 점에서 자신을 이미 상실했었다. 그녀는 자신이 여전히 존재한다는 것을 느끼기에 충분할 정도로 자신의 감정을 개방하여 지지받았다고 느낄 때 그녀의 움직임 방어들은 부드러워졌다.

그녀가 자신의 감정을 더 인식하고, 자신에 대항하거나 자신을 외면하게 했던 감정과 경험들을 알게 되면서, 그녀의 방어기제는 계속해서 부드러워지고 변화가 지속되었다. 그녀가 자신의 부모님과 부모님과 유사한 대상을 완전히 분별하는 것이 가능해짐에 따라, 그녀는 그들처럼 되기보다는 그들을 그리워하게 되었다. 그리고 자신의 정체성을 더욱 분명히 알고 삶에서의 자신의 감정에 충실해지자, 더 이상 그녀는 외부생활에서 완벽해 보이려고 애쓰지 않았다. 그녀는 더욱더 자유롭게 자신이 느끼고 원하는 대로 움직일 수 있었다. 그녀는 사람들이 자신이 화가 났다는 것을 다른 사람들에게 좀 더 부드럽게 표현할 수 있게 되었고, 잘 진행되지 않던 여러 가지 프로젝트에 관해서 사람들에게 도움을 요청할 수 있었다.

**표현적인 움직임을 통해서
감정을 탐색할 수 있고,
약간의 안내를 원하는 내담자의 사례**

론은 아동기 때 사촌으로부터 성적학대를 당했다. 현재의 여자친구와의 관계에 더 완벽해지기 위해서 자신의 분노, 배신감, 그리고 질투에 대해 도움을 필요로 했다. 수년간의 언어중심 상담, 모든 종류들의 표현예술 치료 워크숍, 자기인식 집단에 참여한 후에도, 여전히 론의 마음 안에는 알 수 없는 자신의 어떤 부분과 감정들이 있었다. 우리는 약 1년 반 동안 일주일에 한 번의 세션에서 작업을 했다.

첫 번째 함께 한 작업은 어린 시절 자신에 대한 애도와 위로에 관한 것이었다. 그는 자신과 또 나와 함께 있는 것에 대해 안전감을 느끼게 되자, 자신의 분노에 대해 자발적으로 움직였다. 이 작업 중 그는 솟구치는 분노, 죄책감, 절망감에 직면하는 것에 고통스러워했다. 우리는 그가 사용하는 두 개의 방어적 움직임에 대해서 살펴보았다. 그의 성적인 느낌과 충동 그리고 다른 사람들을 학대하고 싶은 자신의 충동으로부터 자신을 지키기 위해 골반의 움직임은 제한되었다. 갑작스럽고, 충동적이며, 내팽개치는 듯한 움직임은 론에게 반영적이고, 자기인식을 통한 해결책을 찾는 것을 방해했으며, 그의 자기경멸과 처벌의 열망으로 표현했다. 분노에 관한 어느 세션에서, 정확히 이러한 움직임으로 론은 자신의 손에 멍들게 하는 일이 있었다. 우리는 자신을 안전하게 유지하지는 것에 대한 중요성에 대해 이야기했다. 자신에 대한 호의적인 감정은 자신을 해치려는 충동을 통제하기 위해 부단한 노력으로 생성되며, 그러한 아픔에 대한 흥분은 학대의 순환을 단절하기보다는 오히려 강화한다는 것에 대해 우리는 이야기했다(자신을 통제하지 않는 것은 매우 원초적이고, 희열감을 주지만, 자존감을 위해서는 결코 좋지 못하다). 론은 학대자와 자신의 정체성을 분리하고 학대자에 대한 분노를 인지하기 시작하자, 그는 자신의 내면에서 더 온전해지고, 안전감을 더 느낄 수 있고, 그에게 흥분감과 죄책감을 주었던 일상에서의 충동과 관심을 끌기 위한 행동을 다스릴 수 있게 되었다.

우리가 함께 한 마지막 단계의 작업에서 그의 움직임은 새로운 단계의 견고함과 통합을 나타내는 놀라운 힘, 집중력, 분명함, 조절감이 생겨났다. 그가 자신의 골반을 자유롭게 움직일 수 있게 됨에 따라, 무릎, 어깨, 척추가 새로운 방식으로 움직이고 자신의 균형감, 움직임의 전체적 흐름과 생동감이 향상되었다. 그리고 항상 존재해 왔던 감정을 자각하고 이를 더 이상 숨기려 하지 않는다는 것을 깨달았다.

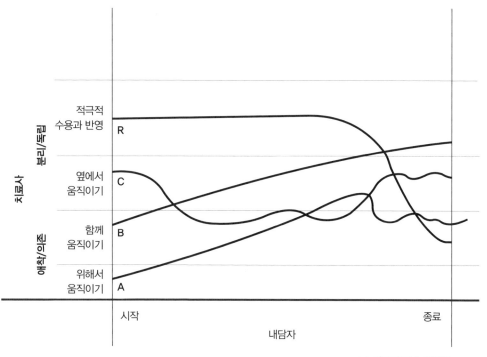

그림 1

전반적인 치료과정에서 움직임을 통한 치료사와 내담자의 관계

전반적인 치료과정에서 움직임을 통한
치료사와 내담자의 관계

이 그래프는 나의 내담자들(A, B, C, R)과 나(치료사) 사이에서 목격된 움직임을 통한 상호작용의 변화에서 나타난 분리와 개별화의 가능성에 대한 축약된 정보를 나타낸다. 묘사된 네 개의 단계들은 Erna Furman(1992, pp. 119-125)의 이론을 적용한 것이다. 유아의 성장과 발달에 따라 변화하는 어머니와 유아의 상호작용 형태의 변화를 설명한 것이다. 이러한 단계 또는 과정에는, 위해서 움직이기(doing for), 함께 움직이기(doing with), 곁을 지키기(standing by), 그리고 칭찬하기(admiring)가 있다. 나의 작업 단계들은 곁을 지키기와 칭찬하기를 두 단계로 나눈 것 이외에는 이 이론과 유사하다. 이 두 단계는 (a) 곁을 지키는 것, (b) 적극적으로 받아들이고 반영해 주는 것이다. 이는 나의 내담자들과의 경험을 설명하는 데 도움이 된다. 그 이유는 (1) 이것이 내담자들과 함께 머물고 움직이는 데 필요한 능동적인 신체적 공감을 명료히 하고, (2) 이것은 내담자가 더 자발적으로 되면서 우리 사이에 일어나는 움직임을 통한 상호작용의 중요한 변화를 더 정확히 설명하기 때문이다.

나는 언제나 수많은 작은 방법들(반영하기, 제스처, 호흡, 말하는 리듬)이나 큰 방법들(반영하는 행동으로 내 신체의 큰 부위나 또는 신체 전체를 사용)로 내담자들과 언제나 함께 움직인다. 나는 다음과 같은 상황에서 내담자들과 움직인다.

a. 외부의 구조화된 움직임들이 도움이 될 때는, 내담자의 내부 자아구조 발달이 미숙하거나, 자신 스스로가 불충분하다고 느끼는 경우이다.
b. 목격되거나, 옆에 있는 것이 도움이 되지 않을 때는, 내담자의 수치심, 두려움, 자기혐오, 또는 자의식 때문이다.
c. 내담자로 하여금 움직임 차원에서 지지와 격려가 도움이 된다고 느낄 때는, 내담자의 인정, 인식, 허락에 대한 욕구에 반응하고자 할 때이다.
d. 실제로 존재하는 파트너가 내담자에게 도움이 될 때는, 움직임에서 분리, 정리, 이상화된 것에 대한 재정립, 움직임 안에서 스토리텔링을 할 때이다.

내담자가 더 정돈되고 온전해지고 진실되고 분명하며, 자신을 정의함과 동시에 분리하게 되고, 자기 자신을 돌볼 수 있게 되면 내담자의 치료사에 대한 인식도 그렇게 변한다. 앞서 그래프에서 보여 준 네 개의 움직임 상호작용 단계는 심리적 그리고 신체적 분리와 내담자의 개별화가 증진됨을 나타낸다. 이 네 개의 단계는 다음을 나타낸다.

a. 내면의 것을 표현하고, 독립된 개인으로서 목격되는 것(경계적 형성)

에 대한 내담자의 향상된 능력

b. 내면을 인식하고, 감정, 기억, 생각들에 대해 작업하고 공유하는 내담
자의 향상된 능력

이 4단계를 구체적으로 설명하기 전에, 두 가지 개념을 분명히 하고자 한
다. 전반적으로 시각적으로 나타난 움직임 형태에 대한 개념과 움직임의
역동성에 대한 개념이다(R. Laban의 저서 *The Mastery of Movement*). 전
반적으로 시각적으로 나타나는 움직임 형태(감정의 형태)의 개념에는 (1)
방향성, 높낮이, 확장성, 경로, (2) 신체, 신체좌우, 상체와 하체를 포함한
다. 전반적으로 시각적으로 보이는 역동성의 개념은(감정의 내용) (1) 속
도, 리듬, 박자를 포함한 시간, (2) 근육의 에너지, 힘, 세기를 포함한 무
게, (3) 자유로움에서 통제적인 것으로의 연속성을 나타내는 흐름(움직임
요소), (4) 내면에서 외면(집중성의 요소)으로 지속되는 (자신이 부가한)
집중이 있다.

첫 번째 단계인 **위해서 움직이기**는 두 개의 세부 단계가 있다. 첫 번째 세
부 단계는 주로 작은 움직임들만을 포함한다. 이 첫 번째 세부 단계는 거
의 계획되지 않고, 의식하여 지시된 것이 아니며, 거의 움직임이 없는 듯
하며, 몇 달 동안 계속 될 수 있다. 치료사는 첫 세션부터 내담자의 언어
적 · 비언어적으로 표현하는 감정의 행동들을 인지하고 수용한다. 그리
고 내담자가 크고, 온전하며, 완전히 의식적인 움직임으로 준비될 때까

지, 이러한 감정의 행동들을 담고 내담자에게 언어 또는 비언어적으로 반영해 준다. 치료사에 의해서 관찰되고 받아들여지는 비언어적으로 표현된 감정 행동에는 신체태도, 자세, 제스처, 음색, 말의 흐름, 호흡의 리듬, 긴장 흐름의 변화, 조각난 움직임의 충동들, 눈맞춤의 빈도와 지속성이 있다.

두 번째 세부 단계에서는, 치료사는 내담자의 표현된 감정을 치료사가 따라 하고 반영하는 것을 적극적으로 시작하고 이끈다. 이에 따라 내담자는 반응하고 더 자세히 묘사하게 된다. 치료사는 내담자의 언어적·비언어적으로 표현된 감정행동들에 대해 작업을 지속하고, 자신의 체화된 감정을 더욱 인지할 수 있도록 조심스럽게 돕는다. 특히 치료사는 내담자의 표현과 안전에 대한 욕구 간의 균형을 이루는 방식으로 내담자와 함께 움직인다. 내담자의 안전에 대한 욕구는 다른 모든 욕구들보다 우선적으로 다루어져야 한다. 치료사는 움직임 모방을 내담자와 상호작용하는 데 사용하며, 내담자가 외적 자아(감정표현을 담는 그릇으로서의 신체)를 우선 정리할 수 있도록 돕는다. 그럼으로써 내담자는 내적·외적 통제와 자기제어에 대한 손상되지 않은 능력을 경험하게 되고, 이를 안전하게 함으로써 더 풍부하게 느낄 수 있게 된다. 내담자가 감정을 감당할 수 없을 만큼 지나치게 확장되지 않게 하기 위해서, 치료사는 환자의 움직임을 모방할 때는 전반적인 동작 형태는 풍만하게 하나, 전체적인 움직임의 역동성에 있어서 부분적으로 사용한다.

두 번째 단계인 **함께 움직이기**는 내담자와 치료사가 서로 번갈아가면서 이끌고 서로를 모방한다. 여기서의 모방은 내담자가 자신의 감정에 대해 더 안전하게 느끼면서, 전반적인 형태와 역동성이 더욱 풍부해진다. 내담자는 자신의 욕구에 대해 어떻게 움직여야 하는지 느낌이 오지만, 움직임에 있어서 여전히 치료사의 안내, 지지, 수용에 의존한다. 작업이 진행되어 감에 따라 치료사와 내담자는 시선을 맞추면서 마주보게 된다. 내담자가 먼저 리드하고 내면에 집중하는 능력을 발달시킴에 따라, 이 단계를 통해 내담자와 치료사 모두가 자율성(완전한 모방은 줄어들고)을 더 많이 얻게 된다. 치료사는 이제 내담자의 움직임 형태를 지지하는 것을 서서히 멈추고, 내담자의 감정의 역동을 계속하여 지지한다. 두 번째 시기의 마무리가 시작되면서, 특정한 움직임의 기술들은 내담자의 신체 부위의 연결감을 회복하고, 전체적인 신체의 통합을 돕고, 내담자의 기능적 · 표현적 움직임 범위를 증진할 목적으로 동반될 수 있다.

세 번째 단계인 **옆에서 움직이기**는 치료사와 내담자 사이의 모든 차원(형태와 역동성)에서 더욱 독립적인 움직임을 통한 상호작용을 설명한다. 이 단계에서 내담자는 이제 자신의 감정에 내적 · 외적인 형태를 부여할 수 있게 되지만, 치료사의 역동적 지지와 안내에 대해서 여전히 의존한다. 치료사와 내담자는 움직이면서 잠깐 동안 다른 곳을 보고 서로에게 등을 보이고 움직이기 시작하며, 단지 약간의 형태(지나가는 듯 나타나는)와 거의 대부분이 역동성으로 될 수 있도록 모방은 계속 변화한다. 각자 움직임의 시간이 많지만, 여전히 '함께'라는 개념이 점차 증가된다. 치료사는 작은 움직임, 부분적 움직임과 신체태도로 역동성에 대한 지지를 계속하면서 점차적으로 덜 외적으로 움직이기 시작한다. 또한 치료사는 내담자에 의해서 표현된 감정들에 대해 작은 움직임으로 반응한다.

네 번째 단계인 **적극적 수용과 반영**은 내담자가 분리와 개별화 작업을 적극적으로 온전히 하게 됨에 따라, 치료사는 더욱 수동적으로 움직이는 역할을 하게 된다. 내담자는 자기 스스로를 온전히 지지하고 인식하며, 감정을 조절할 수 있는 능력을 가지고 있다. 치료사는 내담자의 감정과 자신의 반응에 대해서 작은 방식으로 (앉거나 서서) 움직인다.

처음 두 단계는 치료사와 내담자가 서로를 알아가고, 신뢰를 쌓고, 그들이 어떻게 작업을 해나가며, 앞에 놓인 문제들이 무엇인지 살펴보는 상호작용에 관해 설명한다. 마지막 두 단계는 애착관계를 유지함과 동시에 내담자가 더 분리되고, 더 자율성을 가지며, 자신의 내면에서 안전감을 느끼며 자신의 감정을 다룰 수 있게 되고, 더욱 침착해지는 것에 관해 설명한다. 치료가 진행됨에 따라 나타나는 새롭거나 두려운 감정들의 영향으로 인해 치료사와 내담자는 첫 두 단계에서 묘사된 이전의 더욱 즉각적이고 지지적인 상호작용으로 돌아갈 수도 있다. 나는 이 네 단계를 염두에 두고, 내담자 A, B, C, R과 함께한 무용/동작치료 작업을 간단히 다시 살펴보고자 한다.

움직이는 것을 두려워하거나 움직일 수 없는 내담자의 사례

에이미는 스스로 움직이기를 시작하는 데 2년의 시간이 걸렸다. '위해서 움직이기' 단계 동안, 우리는 그녀가 배울 수 있고, 나는 지지해 줄 수 있다는 토대를 함께 만들었다. 그녀는 내가 움직이도록 요구하는 것에 순응적이었다. 그래서 나는 그녀를 위해, 그녀가 하는 말을 신중하게 듣고 그녀와 함께 사용할 수 있도록 그녀의 감정을 연결되고 반복된 움직임 형태로 전환하였다. 이것은 에이미에게 존재에 대한 경험, 기쁨, 안전이라는 아주 중요하고 긍정적인 세 가지를 경험하게 해 주었다. 점진적으로, 그녀는 자신의 심상, 충동, 그리고 생각을 우리의 움직임에 부가했다. 단 한 번 그녀는 화가 나서 세션에 왔고 혼자서 움직였다(그녀의 분노의 춤). 이 일 이후로 그녀는 나와 함께 움직이거나 내 근처에서 움직였다. 또 한동안은 전혀 움직이지 않고 이야기만 한 적도 있었다. 그녀의 움직임은 독립적이고, 감정이 담긴 움직임으로 진행을 막는 것은 바로 어린 시절의 유기와 학대에 대한 그녀의 기억과 감정들이었다. 이러한 기억과 감정들은, 회상이 일어나는 동안과 이것을 기억해 내면 그녀 자신이 어떤 감정을 느끼게 될지 혹은 어떤 행동을 할지에 대한 두려움의 형태를 제외하고는 대부분이 무의식적이었다. 우리가 한 작업의 중점은 내담자가 본연의 자기를 상실하지 않으면서 충격적인 과거를 들여다볼 수 있도록, 과거보다는 현재의 그녀가 더 강해지고, 더 유능하고, 정서적인 성인이 되도록 돕는 것이었다. 나와 점점 분리되어, 자신의 존재를 실재하는 인간으로서 경험할 수 있게 되면서, 그녀는 자신의 내면에 대해 더 안전함을 느끼고, 나와의 작업에서 이러한 과거의 감정과 기억을 의식화할 수 있게 되었다. 그래서 이제 이것은 우리가 함께 시작하는 작업의 과제가 되었다.

무용을 사랑하지만
외적인 무용형식을 사용하여
감정으로부터 도피하는
내담자의 사례

베스는 나를 만나러 오기 전에 수년간 언어어중심의 상담치료를 받았었다. 에이미와는 달리 베스는 자신이 어린 시절에 겪은 외상에 대해 잘 알고 있었다. 그녀는 다양한 움직임 기술들을 두루 섭렵한 상태였다. 그녀는 이러한 것들은 대부분 자신에 대한 통제감을 느끼고, 강하고, 건강하고, 안전하게 (강력하게) 보이고 느껴지는 즐거움을 위해 사용해 왔다. 우리는 관계를 형성하는 데 있어서 그녀에게 온전한 통제감을 주는 '함께 움직이기' 단계부터 시작했다. 그녀는 자신이 목격한 것과 실제로 행한 것을 명확하게 하고, 자신과 자신을 학대했던 사람을 분리해 가기 시작함으로써 자신의 감정에 더욱 충실히 움직일 수 있게 되었다. 그녀가 사랑했던 사람들에 관한 자발적인 댄스를 만드는 것에 대한 그녀만의 목표를 이룬 것, 이것은 그녀에게는 내면 깊숙이 통합된 개인적인 성취였다.

[C] 춤추기를 갈망하지만
'목에 칼이 들어와도'
절대 자신의 춤을 보여 주지
않을 내담자의 사례

카렌이 우리 관계에서 가까워지는 것과 멀어지는 것에 관한 갈등으로 힘들어하는 이유로 우리의 세션은 대부분 '함께 움직이기'와 '옆에서 움직이기'로 이루어졌다. 그녀는 누군가에게 의존하는 것과 유기당하는 것을 두려워했다. 차분할 때마저도, 속으로는 자신의 인생에서 의지하게 된 사람들에 의해 겁에 질려 있었다. 그녀는 나와 작업한 마지막 6개월 동안 독립적으로 움직이는 것이 가능해졌다. 이는 다음 세 가지 결과로 나타났다. (1) 자신을 자신의 감정에 머물게 하고 느끼도록 하는 능력의 향상, (2) 바닥에서의 충분한 움직임과 신체와의 기본적인 연결감(과시하는 것이 아니라 현실적인 자기 지지), (3) 자신에 대해서 느껴왔던 흥직함과 깊은 실망감이 존재한다는 것을 스스로 인정. 우리 작업의 마지막은 모두에게 슬픔이었다. 그녀는 직장 사정으로 치료를 중단해야 했다. 그녀는 유기당하는 느낌이었지만, 이사 간 곳에서 치료를 계속 하기로 굳게 다짐했다.

표현적인 움직임을 통해서 감정을 탐색할 수 있고, 약간의 안내를 원하는 내담자의 사례

론이 나에게 왔을 때는 이미 수년간의 언어중심 상담과 표현예술치료 경험을 가진 상태였다. 그는 지나치게 잘한다 할 정도로 스스로 작업할 수 있었다. 자신에 대한 깊은 불안감을 느끼는 것의 해결책으로 스스로가 상당히 유능하며 독립적임을 자기 자신과 나에게 증명하려고 하는 것이었다. 나는 우리 작업의 마지막 두 달 전까지 아주 조금만 움직였다. 그가 치료실에 함께 있는 사람에 대해 적극적으로 궁금해하고, 자신과 자신의 감정을 충분히 나누었다고 느끼고, 자신의 내면에 대해 그리고 자신과 있는 것에 안전감을 느끼게 될 때까지였다. 함께하는 우리의 작업이 마무리되어 감에 따라, 우리가 함께 움직이는 것은 서로를 인정하는 아름답고 의미 있는 방법이 되었다. 그는 애착과 유대관계에 관한 자신의 근원적인 문제를 완전히 다룰 수 있게 되었다.

임상 사례에 관한 토론

지난 수년간 이 네 명의 내담자를 포함한 많은 내담자들과 작업하는 과정에서 나는 수많은 질문들과 어리둥절한 순간과 극심한 혼란으로 힘들어했고, 요즘도 여전히 힘들다. 이러한 과정을 통해서 나는 약간의 예감, 실질적인 작업의 전략과 깨달음을 얻었고, 이 부분에 대해서 독자들과 나누고자 한다. 개인 사설 치료실 환경에서 개인작업에서 나타난 그대로 묘사할 것임을 기억해 주길 바란다. 이러한 문제들은 모든 무용/동작치료 작업에도 나타나지만, 집단 무용/동작치료, 특정한 대상군, 입원병동, 혹은 외래병동이냐에 따라 다른 형태로 나타난다. 개인심리치료실에서는 내담자 스스로가 속도를 조절할 수 있도록 돕는 것을 치료사 혼자서 책임진다. 이는 작업할 수 있는 감정을 적절하게 천천히 조금씩 부드럽게 진행한다. 그리고 나서 내담자가 다음 한 주 동안 혼자서 작업할 수 있는 감정을 가지고 치료실을 떠날 수 있게 한다. 이는 일상생활이 가능하고 다음 세션까지 감정을 잘 담을 수 있도록 하기 위해서이다.

1. 내담자를 자유롭고 표현적으로 움직이도록 이끄는 것

소수의 내담자만이 첫 세션에서 움직일 준비가 되어서 온다(나는 오히려 그들이 준비가 되어 온다면 걱정이 될 것이다). 첫 세션에서 우리는 어떻게 작업할지에 대해서 이야기한다. 내담자가 무슨 문제를 가지고 있는지, 어디서부터 시작하고 싶은지, 내담자와 치료사 모두 목표하는 것과 기대치에 대해 명확하게 하기, 내가 훈련받은 내용과 나에 관한 질문들, 치료비와 스케줄에 대한 것, 간단히 말해서 함께 작업하기 위한 실질적인 토대를 다지는 것이다. 그리고 이러한 것들이 적절하고 감당이 가능한 것이라면, 우리는 마지막 10분은 함께 움직이고, 함께 있는 것에 대한 워밍업으로 같이 움직이거나 서로의 근처에서 움직인다. 이는 아직은 알지 못하고 믿을 수 없는 자기 자신과 또 다른 사람 앞에서 움직임을 시작해야 한다는 치료사와 내담자에게 피할 수 없는 불안의 장벽을 없애기 위함이다.

내가 여기서 논의하고자 하는 것은 어떤 이유로든(거기에는 수많은 합당한 이유들이 있다) 움직임에 대한 두려움을 가진 어려운 내담자이다. 능동적인 표현적 움직임 작업에 착수하기 위해 상당한 지지, 안내, 인내가 필요한 내담자, 그리고 우리 치료사들에게 무용/동작치료사로서의 진정한 무용치료를 제공하는 역량을 저하시키고 패배감을 느끼게 하는 내담자이다.

내담자 A는 이러한 딜레마와 관련한 좋은 사례이다. 내가 에이미에게 (나와 함께) 움직이도록 권유했을 때, 그녀는 저항했지만 결국에는 순응했다. 그녀는 나를 기쁘게 하기도 하고 또 '좋은' 내담자가 되려고 함께 움직였다. 이러한 내용은 우리가 시작해야 할 작업의 지점이었다. 우리는 이 지점에서 매우 천천히 작업을 시작했다. 그녀가 자신의 어떤 감정을 조금이라도 파고들게 될 때까지, 같이 조금만 움직이고 이야기하고 함께 머무는 데 수많은 세션들이 필요했다. 나는 그녀가 우리의 작업에 몰입하고 나로부터 그녀가 필요로 했던, 그러나 자신의 내면에서 제공할 수 없었던 존재감을 찾기 시작하면, 그녀는 자신의 움직임에 감정을 싣기 시작할 것이라 예상했다.

나는 그녀를 움직이게 하려는 그녀 자신과 나의 고통을 목격하면서, 내가 집단과 개인 작업에서 경험했던 수많은 다른 어려움을 떠올렸다. 내가 이 모든 예를 살펴보았을 때, 어떤 일정한 패턴을 보였고 이 패턴 자체가 순환되는 것 같았다. 이것은 에이미와 내가 여러 번 반복하여 통과해야 할 순환이었다. 이것은 그림 2와 같이 나타날 수 있다.

'울타리와 벽'에 대해 움직임 작업을 가능하게 하기 위해서는 표현적 움직임에 대한 경험이 요구된다. 종종 첫 세션에서는 충분한 언어적 작업이 요구된다. 이는 울타리 뒤편의 보이지 않는 영토에 대략적인 인지적 지도를 그리는 작업이다. 그리고 가끔씩 자신의 침착함과 자존감을 강화시키는 움직임 준비작업이 도움이 된다. 무엇보다 가장 중요한 것은 이 반복된 순환에서 치료사가 내담자의 곁을 지킬 것이라는 믿음을 주는 것이다. 이때 앞으로 할 작업을 위한 견고하고 안전한 토대를 마련하기 위해, 치료사는 감정이 풍성하고, 도움이 되며, 진실하고, 조심스러워야 한다.

내담자가 자신의 내면과 치료사로부터 충분한 안전감을 느낄 수 있는 기회를 갖기도 전에 너무 일찍 내담자에게 움직임을 권유하는 것은 내담

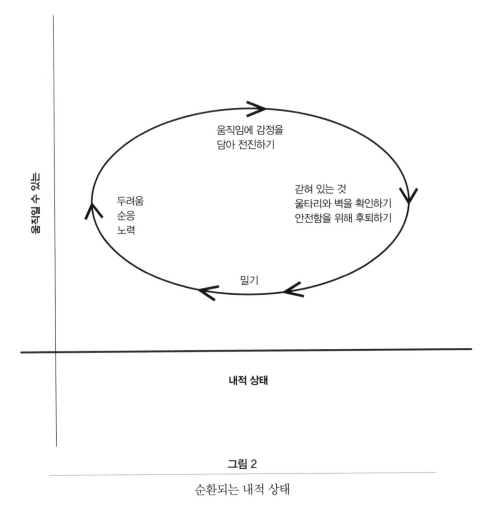

그림 2

순환되는 내적 상태

자를 잃기에 딱 좋다. 나는 최근에 내담자가 두 번째 세션을 마치고 어처구니 없는 기분이 들었다는 말을 남기고 떠나버린 두 사례가 있었다. 집단에서는 서로 다른 참여자들이 섞여 있어 서로가 너무나도 취약한 상태라는 것과 혼자라는 것을 못 느끼도록 도울 수 있기 때문에 집단 구성원들이 편안하게 느낄 수 있다. 하지만 우리 둘만 있다는 것은 너무 불편할 수 있다. 이 두 사례에서는 다른 난해한 점들도 있었지만, 내담자들이 나에게 무용치료의 효과를 '증명'하도록 상요한 나머지 그들에게 너무 일찍 움직일 것을 요구하여 그들을 곤란에 처하게 한 나의 잘못을 간과하고 싶지 않다. 이 두 사례에서는 너무나 빨리 많은 감정들이 드러났다. 이 두 내담자들은 어떤 우스꽝스운 행동도 하지 않았다. 문제는 그들의 움직임이 아니라 감정이었던 것이다.

이 두 사례는 나에게 균형과 존재라는 주제를 생각하게 한다. 움직임과 언어 내용의 변화는 감정 상태의 변화와 동시에 일어난다. 움직임, 언어(말), 그리고 감정 사이에는 중대한 균형이 존재한다. 아무리 부드러운 독촉이라고 하더라도, 밀어붙이는 것은 언제나 서툰 방법이다. 앞에서 묘사한 것처럼, 나는 움직임 작업의 흐름을 시작하거나 되찾으려고 밀어붙이는 경향이 있다. 나는 이런 작업이 진행되도록 최선을 다할 것이다. 그런데 이것은 누구의 몫일까? 만약 내담자와 내가 함께 내담자의 움직임을 막는 걸림돌이 무엇인지 생각해서, 우리가 함께 내담자가 움직이도록 스스로 밀어붙이면 얼마나 좋을까? 움직임이 왜 중요한지, 우리가 움직임을 통해서 무엇을 작업하고 있는지에 대해 내가 항상 설명하는 것은 에이미에게는 매우 중요했다. 이것은 내담자의 자아를 최소로 빼앗고, 자아에게 최소의 짐을 부과하는 치료적 존재를 활용한 방법이나, 이런 치료사로서의 존재는 중립적이지 못하다. 치료사로서의 존재는 정서적으로 풍부하나, 안전과 학대적 행동이나 비열함에 대한 문제들에 대해서는 단호하다. 또한 치료사라는 존재는 인간이라는 존재에 대한 진실, 연약함, 유약함, 결함, 그리고 모든 종류의 인간이 가진 욕구와 열망에 대해서 분명히 알아야 한다.

치료사는 내담자를 위해서 이전의 방법과는 달리 자신을 자비로운 마음으로 바라보는 새로운 삶의 방법과 예를 보여 준다. 내담자는 이 새로운 삶의 방식을 충분히 경험하고 알아차리고, 따라 하고, 또 고친 후에 자신에게 주어진 단단하고 정서적으로 풍부하고 진실된 내적 존재와의 작업을 지속할 수 있게 된다.

2. 섭식장애 내담자들과의 작업

지난 수년간 나와 작업을 했었던 내담자들은, 처음에는 섭식장애가 주된 문제가 아니었지만, 알고 보니 섭식장애로 고통받아 왔다. 내담자 A, B, C 모두 섭식장애로 힘겨워했다. 내담자 B와 작업할 당시에 그는, 감정적인 스트레스를 받았을 때만 바짝 경계하는 것을 제외하고는 정상적인 체중에 적절한 운동과 식사를 했다. 내담자 C는 매일 퇴근 후에, 음식(끈적하고 달콤한 간식)으로 허전한 마음을 채웠다. 그녀의 체중은 정상범위 안에 있었고, 내담자 B처럼 적절한 운동을 했지만, 밤에 혼자집에 있을 때 먹는 것에 대해 통제력을 잃는 느낌이 들었다. 내담자 A는 건강하지 못한 식습관, 큰 범위(9~15kg)의 체중 변화, 산발적이고 맹렬한 운동에 대한 오랜 이력을 가지고 있었다. 세 명의 내담자 중에서 이 내담자가 가장 조심히 관찰해야 하는 대상이었고, 그녀는 임상적으로 위험한 상태가 되지 않도록 자신을 유지할 수 있었다.

섭식장애에 대한 이야기는 삶을 위협하는 것이 아니라, 일반적으로 지극히 평범하게 음식을 남용하며, 음식을 영양섭취보다는 감정조절에 사용하는 것에 대한 것이다. 섭식장애는 통제할 수 없는 감정 또는 제정신이 아닌 것 같은, 또는 둘 다의 감정을 남긴다는 것이 문제이다. 내담자 C는 초기의 세션에서 자신의 진저리나고 통제할 수 없는 음식섭취에 대해서 이야기했다. 그녀는 이 괴로운 섭식 문제를 자신의 외로움과 그녀 내면의 텅 빈 구덩이와 버려지는 것에 대한 두려움과 연결지었다. 음식이 그녀의 식도를 타고 내려와 위까지 닿는 느낌은 그녀가 신체의 중심과 존재감을 느끼도록 도왔다. 이 끈적끈적한 느낌은 마치 풀처럼 그녀를 지지해 주고 있었다. 그녀가 위에서 느끼는 포만감은, 공허함을 부분적으로 채워 주었다. 또한 음식은 그녀의 어머니와 집으로 긴밀하게 연결되어 있었다. 그녀의 통제할 수 없는 섭식 패턴은 내면의 검은 구덩이가 그녀가 인정하거나 느끼고 싶지 않았던 감정으로 채워져 있었고, 그녀가 자신을 더 이상 유기하지 않는 기나긴 여정을 시작하면서 나아지기 시작했다.

자신의 섭식장애에 대해 잘 알고 있는 내담자 A와 함께 작업하면서,

내가 그녀를 위해 무엇을 해 줄 수 있는지 나 자신에게 물었다. 에이미는 플래식백(회상), 우울감, 분노, 좌절, 가끔 느끼는 자살 충동 때문에 고통스러워했다. 그녀는 폭식 후 토해내는 행동 때문에 창피해했지만, 그녀 자신에게 이것이 가장 우선되는 문제는 아니었다. 학대적인 어머니를 떠나 자신만의 아파트로 이사하고 나서야, 그녀는 이러한 행동들이 다른 문제를 일으키고 있다고 언급하기 시작했다. 점차 우리는 그녀의 식습관, 적절한 운동, 그녀의 지방(살)과 감정 사이에서(흔히 "내가 만약에 날씬하다면, 나는 행복할 거예요."), 혼란함에 대해 조금씩 이야기했다. 또한 우리는 그녀가 얼마나 가혹하게 자신의 신체와 감정을 다루는지, 이러한 행동들을 통해서 학대를 반복하고 있으며, 자신이 사랑하고 증오하는 학대자들을 붙잡고 있는지 점진적으로 작업하였다. 에이미의 자기 학대적인 행동이 감소하면서, 그녀가 자신의 삶을 더 통제할 수 있게 되고, 자신의 감정체계 안에 분노를 통합시키기 시작하고, 또 현재 자신의 욕구와 감정을 표현하는 강한 목소리를 찾아가는 모습을 목격하는 것은 유용하고 흥미로웠다.

내 생각에는 섭식장애에 대한 행동적 접근은 그 장애의 정도가 아주 심각하거나 그로 인해 생명이 위협당하는 내담자에게 접근할 수 있는 유일한 방법일 때 도움이 될 수 있다. 이런 사례에서 나는 내담자들이 저항을 할지라도, 내담자의 건강과 삶을 보호하기 위해서 행동하였다. 이렇게 심각한 상태의 섭식장애를 가진 내담자들이 있는가 하면, 신체심리적 상태가 양호한 내담자들도 있다. 이 내담자들은 영양과 습관 개선에 대해 실질적인 도움을 요청하고, 수치심과 혐오감 없이 또 자발성에 영향을 주지 않고 그것을 사용할 수 있는 충분한 자아감과 감정적 자원을 가지고 있다. 이 두 양극 사이에 있는 내담자들에게 행동적 접근은 개인적인 신체적 문제(자기 관리)에 대해 침해당하는 느낌을 주고, 내담자가 경험했던 과거의 의존적 관계에서 있었던 침범이 반복되고, 또 다시 내담자의 자기 조율과 분리를 향한 노력에 부정적인 영향을 미칠 수 있다. 이러한 내담자들과 행동적 중재를 선택하여 사용하는 치료사는 내담자의 특정한 섭식행동/습관을 다루는 데 있어서 매우 조심해야 한다.

내담자의 특정한 섭식행동과 습관에 대해 다루는 지속적인 감정의 작업에 있어서 치료사는 내담자를 유기하고 철회한다고 내담자가 경험하게 해서는 절대 안 되며, 감정이 지방과 혼동되어 음식을 먹는 것으로 감정을 조절하던 이전의 방어기제로 돌아가는 일이 없어야 한다.

요약하자면, 나는 섭식장애를 스스로에게 자양분을 주는 능력에 대한 장애라고 본다. 음식은 전반적인 기분과 특정 감정의 자기조율과 다스림, 특히 초기 양육자에 대한 애착유지, (내적으로 감당할 수 없이 솟아오르는) 감정이 다이어트와 운동에 민감하게 반응하는 (외적이며 감당 가능한 지방의 형태로 나타나는) 살로 전환되는 것과 같은 다양한 자립의 기능으로 사용되었다.

3. 약물과 진단에 관한 문제들

여기 묘사된 네 명의 내담자들 중 두 명만이 약물치료를 받고 있었다. 내담자 A는 우리 작업의 초기부터 담당 정신과 의사가 떠날 때까지 약물치료를 받았고, 내담자 C의 경우는 우리 작업의 마무리 단계에서 약물치료를 받았다. 내담자 A의 경우 항우울제는 매일, 항불안제는 필요할 때만 복용하였다. 실제로 그녀는 의사 처방과 무관하게 자기만의 방식대로 이 두 약물을 복용하여, 실제로 얼마나 도움이 되는지에 대해 전혀 알 수 없었다. 나는 그녀가 다른 정신과 의사에게 약물치료를 계속 받는 것이 도움이 될 것이라고 생각했지만, 그녀는 약물을 전혀 복용하지 않고서도 잘 지냈다. 그녀는 자신의 삶에서 스스로에 대해 좋은 감정을 갖기 시작했다. 그녀의 우울과 불안은 일시적이며, 그녀는 종종 그것들을 자신의 경험과 감정으로 연결하였다. 이러한 방식은 나와 그녀에게 이해되는 방식이었다.

　내담자 C는 우리가 함께 작업하는 것을 종결하려 할 때부터 약물치료가 필요했다. 그녀는 자신의 외로움과 버려졌다는 느낌을 가지는 것을 두려워하였다. 나는 내담자들이 약물을 필요로 할 때마다 나와 함께 일하는 정신과 의사를 소개해 주었다. 그 의사는 그녀가 새로운 도시로 이사해서 자리를 잡고, 지속적으로 작업할 수 있는 새로운 치료사를 찾는데 도움이 될 항우울제를 처방하였다.

　지난 몇 년간 내 개인심리치료실에서 만난 다른 내담자들도 기분을 안정화시키는 약물을 일정 기간 복용함으로써 큰 도움을 받았다. 모든 사례에서, 내담자가 느끼는 아픔, 공황, 우울감 등을 다스릴 수 있다는 생각과 약물이 어떤 시점에서 정말로 도움이 되는지 함께 살펴보며 작업하는 것이 치료사에게는 매우 중요하다. 그런데 내담자가 약물치료가 필요하다는 사실을 수용할 수 있도록, 치료사와 내담자가 함께 작업하는 경우도 종종 있다. 내담자를 움직이도록 만들려는 사례에서처럼, 약물을 복용해야 한다는 것을 수용하고, 정신과 의사와 약속을 정하고 실제로 만나고, 처방전을 받고, 필요할 때까지 처방전대로 지속적으로 약을 복용하는 것 모두가 내담자가 스스로 해야 할 일들이다.

진단에 대한 문제점은 여기서 언급할 중요한 문제이다. 앞서 언급한 네 명의 내담자 중, 내담자 A와 B는 그들의 정신과 의사로부터 해리성장애 진단을 받았다. 내담자 C와 R은 다른 동료로부터 의뢰받았다. 내담자 C는 고기능의 경계선 성격장애처럼 보였다. 내담자 R의 경우 모두 작업하기 좋아하는 '정상의 신경증(normal neurotic)'을 가진 내담자였다.

나의 치료실을 찾아와 작업을 하는 내담자들은 대부분 전문직종에 자기선택적 성향이 강했다. 내가 매우 어렵고 심각한 의뢰들을 받은 것은 아니지만, 나를 찾아오는 대부분의 내담자들은 (1) 나와 나의 작업을 잘 아는 동료들로부터 의뢰된 경우이며/이거나, (2) 스스로가 치료 과정에서 표현적 움직임에 관심이 있어 찾아오는 경우이다. 정신과 장기 입원 병동에서 다양한 증상을 보이는 환자들과 작업하고 느끼며 수년간의 무용치료를 실시한 경험 또한 나에게 도움이 되었다. 예를 들면, 몇 년 전에 무용/동작치료를 받기 위해 한 내담자가 찾아왔고, 그 내담자는 전형적인 불안과 양가감정 그 이상의 증상을 보이고 있었다. 두 번 정도의 세션이 진행된 후에, 나는 그 내담자가 병리적 우울증의 시작점에 있고, 그녀가 자신의 문제에 직면하기를 원한다면, 나 혼자서 제공할 수 있는 도움이 아니라 그 이상을 도움이 필요하다는 것을 알았다. 이러한 이야기를 나누자마자 그녀는 자신이 전적으로 도움이 필요하다는 것을 강하게 부정하면서 치료를 중단했다.

나는 모든 잠재적 내담자 그 누구라도 (적어도) 첫 세션은 명확한 소통을 위한 이야기를 한다. (1) 어떤 문제로 무용치료를 받으러 왔는지, (2) 우리의 작업이 그 문제들에 어떻게 도움이 되거나 그렇지 않을 수 있는지이다. 내담자와 내가 이와 같은 작업을 할 준비가 되어 있고 능력이 있다는 분명한 느낌이 들 때, 우리는 다음 세션 스케줄을 잡는다.

4. 무용/동작치료에서의 소리의 사용 : 음악, 악기, 목소리, 그리고 신체

소리의 근원이 소리 지르기, 야유하기, 발구르기처럼 내담자의 신체 내부로부터든, 북을 두드리거나 음악을 듣는 외부로부터든 간에 소리는 표현적 움직임과 감정을 조직화하고 지지하는 능력이 있다.

만약에 소리가 이러한 목적으로 사용되지 않는다면, 이 소리는 세션에 있어야 할 것이 아니다. 나는 내담자들에게 자신에게 의미 있고 감정을 불러일으키고 움직이는 데 도움이 되는 음악을 세션에 가져오기를 권한다. 내담자 C는 가끔씩 음악을 세션에 들고 왔고, 내담자 R은 정기적으로 많은 종류의 현대음악, 민속음악을 테이프로 만들어서 가지고 왔다 (그는 음악을 좋아했고, 나에게 음악교육을 제공해 준 것이다). 내가 내담자 A의 '분노의 춤'(북 음악)에서 사용했던 것처럼, 내담자의 동의하에 나는 가끔 음악을 사용하기도 한다. 그러나 대부분의 내담자들은 내면의 느낌, 이미지, 신체의 리듬과 흐름, 그리고 수용적이고 정적이며 고요한 외부적 환경에서의 충동에 반응하여 움직인다. 종종 내적인 리듬과 감정을 외현화거나 내적 리듬 또는 감정의 대화를 시작하기 위해 내담자 혹은 내가 북이나 딸랑이(흔들면 소리를 내는 체명 악기)를 고르기도 한다. 내담자뿐만 아니라 치료사를 위해 자신의 소리를 듣고, 신체를 정리하며, 자신의 감정 표현을 지지하고 구조화하여 자신과 또 현재 함께 있는 다른 이들과의 관계에서 감정, 이미지, 느낌, 충동들에 대해서 내적 경청하여 반응하는 것이 목표하는 것은 언제나 동일하다.

음의 높낮이, 멜로디, 크기, 목소리의 질감은 자신과 타인들과의 일반적인 대화에서 언어적 내용과 더불어 다양한 감정을 드러낸다(일반적인 가극적 상호작용에서처럼). 언어를 사용하지 않은 인간의 소리는 (신음하기, 한숨 쉬기, 쉿쉿하기, 으르렁거리기 등), 무의식적으로 자기를 표현하든 계획적이거나 자발적이든 간에 놀라운 감정 경로이다. 이것들은 변함없이 리듬감 있는 몸짓이나 소리와 느낌을 지지하는 변화를 수반하며 종종 깊은 개인적인 표현적 움직임 작업의 문이 된다.

어느날 한 내담자가 찾아와 소리를 지르고 싶은 욕구가 있다고 하였다. 그녀는 복도나 다른 사무실에 사람들이 자신의 소리를 듣는 것을 걱정하였다. 그녀의 현실적인 걱정보다는, 나는 그녀가 누구에게 그 소리가 전달되기를 원하는지 또 누구의 귀가 그렇게 닫혀 있기에 소리를 질러야만 하는지 궁금했다. 나는 (이미 그녀가 꽤 강렬하게 소리를 지르면서 발 구르는 것을 들었기 때문에) 그녀의 이러한 욕구를 예상하지 못했다. 내가 그녀에게 설명한 것처럼, 그녀가 속삭여도 나에게는 잘 들릴 것이다. 나는 그녀가 부모의 감정적 귀먹음으로 괴로워하는 것 같아 마음이 아팠지만, 이제 진짜 문제는 자신 스스로에 대한 감정적 귀먹음이었다. 그녀는 소리 지르기를 통해 분노와 좌절을 표현했지만, 그녀가 정말로 해야 될 작업에는 도움이 되지 않았다. 그녀가 정말로 해야 할 작업은 자신의 귀먹음으로 침묵하고 있었던 자신의 일부를 듣는 것을 시작하는 일이었다.

안전을 위해 적절한 도구를 사용하여 밟고 때리거나, 꽝 닫아 버리고, 내리치고, 또는 주먹치기는 분노, 화, 좌절, 실망 등의 감정들을 탐색하는 초기 단계에 사용될 수 있다. 이러한 행동들은 "나는 지금 무언가를 내리치고 싶으니까, 화가 난 것이 분명해."와 같이 자신의 감정을 인정하는 하나의 방법이다. 이러한 작업은 지속되는 치료적 관계 안에서 동반된 수치심, 죄책감, 두려움, 슬픔, 외로움, 그리고 절망감을 보관해 둔 근육의 긴장과 억압된 감정을 이완하는 데 도움이 된다. 우리는 명확하게 자기확인되었을 때, 이러한 행동들은 강하고 단호한 전체적인 신체적 행동에 대한 우리의 능력과 한계를 모두 드러내면서, 우리에게 힘 을 북돋워 주기도 하고 겸손하게 만들기도 한다.

이러한 단호한 공격적인 행동들에는 몇 가지 어려움이 있다. 성질을 부리며 자기 통제를 상실하는 것은 내담자의 긍정적인 자아감뿐만 아니라 신체적으로나 감정적으로 안전감을 파괴한다. 다른 사람 또는 자신을 파괴하고 싶은 충동이 치료 안에서 또는 외부에서 적절하게 봉쇄되지 않는다면, 내담자와 치료적 관계 양측 모두의 진실성과 안전성이 위태롭게 된다. 상처받는 것에 대한 감정들은 복잡하며, 다른 사람들에 대한 존재와 그들과 관련하여 동반되는 갈등의 감정들에 대하여 '확인하고 균형 잡기'가 되기전까지는 움직임을 통해서 안전하게 작업이 될 수 없다. 움직이는 것을 두려워하는 A 같은 내담자들은 이미 자신을 살인자들처럼 감옥에 가두었다. 그들은 무의식적 자기인식과 자기보호를 존중할 필요가 있다.

내담자 R은 아주 감정적으로 강력하며 즉흥적 움직임을 하던 중 바닥을 손으로 내리쳐 실제로 손을 다쳤다. 그는 의식적으로 그렇게 하려고 한 것이 아니라, 자신의 감정에 휩쓸려 다친 것이다. 그는 보호할 수 있는 수준에서 자신의 행동을 바라보면서 자신 안에서 머물 수 없었다. 그는 자신의 감정의 '주인'이 되는 작업을 통해 온전히 안전하게 자신의 감정을 표현할 수 있게 되었다. 그가 감정을 느끼며 움직이게 되자, 다음과 같은 감정들을 엮어 갈 수 있었다. (1) 어릴 적 자신에 대한 애도, (2) 그를 학대한 자에 대한 분노, (3) 학대의 순환에 가담한 자신에 대한 죄책감, (4) 자신과 다른 이들이 자신을 보호하지 않았다는 것에 대한 실망감, (5) 벌과 용서에 대한 자신의 욕구. 점차적으로 그는 내면의 자신 그리고 다른 이들과 함께 현실에 더 완전히 존재할 수 있게 되었다.

내담자 C는 의자를 자신의 상사에게 집어던지는 상징적인 상상에서 벗어날 수 없었다. 그녀의 분노에도 불구하고, 그녀는 지나친 죄책감이

들었고, 공격받는다고 과도하게 느꼈다. 그녀는 그 대상(의자)을 통해서 자신의 상처만큼이나 그녀의 상사가 받은 상처도 클 것이라고 느꼈고, 이러한 그녀의 느낌은 옳았다. 인간은 응집된 자아감 없이는 분리된 '다른 이' 심지어 '다른 것'을 경험할 수 없다. 그러므로 분노 표현을 위한 도구의 사용은 아직 자신과 분노에 대한 것이 아니다(내담자 C는 '의자가 다쳤다'고 말했다). 만약에 내담자가 이미지나 도구를 긍정적으로 사용한다면, 이것은 상상하거나, 두려워하거나, 희망해 왔던 만큼, '너무 크지 않은' 분노와 공격성의 경험은 무해한 수단이 된다. 이것은 자기 재정립에 관한 단계들에 대해서 언급하도록 이끈다.

5. 자기세움의 과정

나는 자기재건(self-repair) 또는 자기세움(self-building)의 과정은 자아의 두 가지 필수 기능인 자신을 담는 기능과 표현하는 기능 간의 기초적인 균형과 연결성을 세우거나 복원하는 것이라고 생각한다. 우리는 무용/동작치료사로서 특별히 표현적 움직임 기술에 집중하며, 외적이거나 관찰 가능한 자아와 내적이거나 경험하는 자아와의 작업을 통해서 재건의 과정을 돕는다. 자기세움의 과정은 단순한 창의적인 과정이 아니라 자기상실되거나, 조각나거나, 끊긴 부분들을 회복하고 체현화하는 상호활동적인 창의적 과정이다.

예 1 : 가학적인 충동적 방법으로 조각난 자아의 부분 찾기. 내담자 R은 거대한 나무둥치의 이미지를 가지고 작업하고 있다. 그는 바닥에 웅크린 채, 팔을 규칙적으로 움직이며, 자물쇠 빗장을 찾고, 몸 전체로 나무둥치를 들기 위해 버티고, 정지하고 난 후 다시 몸을 대들보처럼 버티는 즉흥적인 움직임을 보인다. 그는 상상의 나무둥치 무게에 저항하여, 균형을 잡고 천천히 들어올리기 시작한다. 그리고 그는 갑자기 앞으로 돌진하여 나무둥치를 내동댕이친다. 그는 놀라고 신난 표정을 보인다.

예 2 : 근육이 긴장한 상태에서 흐름, 이완, 그리고 지속적이며 유동적인 변화에 대해 작업하는 것은 움직임에 감정을 더 심층적으로 하기 위함이다. 내담자 B는 강하고 직접적이며, 리듬적인 에어로빅을 너무나도 잘했다. 그리고 우리는 함께 웃고 있다(왜냐하면 나는 그녀 수준을 따라 할 수 없었기 때문이다). 그러고 나서 그녀는 나에게 자신을 다른 방식으로 움직일 수 있도록 이끌어 달라고 부탁한다. 우리는 더욱 천천히 간접적으로 미끄러지는 듯한 움직임으로 작업하며, 이것은 부드러운 스윙 동작 다음에, 흔들거리는 동작, 그리고 정지된 움직임으로 진행된다. 내담자 B는 머리를 숙이고 자신을 끌어안고 있다. 그녀는 "나는 여기서 안전해."라고 말한다. 그리고 그녀는 매우 부드럽고 끝없는 슬픔에 잠겨, "난 여기서 안전함을 느껴요."라고 말한다.

예 3 : 자포자기에 대해 탐색하기. 내담자 C가 (자신 쪽으로 잡아당기고 나서 밀어내는 듯한) 움직임을 시작하자 그녀는 (너무 가깝지도 멀지

도 않게) 자신의 옆에 무엇 혹은 어떤 사람이 서 있다고 상상한다. 그녀는 지지해 주고 돌봐 주는 이 존재에 대해 "내가 어디를 가나 언제나 나와 함께 있어서 나는 혼자가 아니고 두렵지 않아요."라고 말한다. 그녀는 자신을 보잘것없고, 어둡고, 약하며, 겁먹은 존재로 여긴다. 그녀는 약간 어두운 공간에서 움직임에 따라, 자신의 그림자를 발견하고, 그 그림자와 함께 움직이기 시작한다. "이게 마치 그림자처럼 내가 나 자신과 사는 방법이에요."

예 4 : 신체적 과정으로부터의 감정의 분리. 오늘 내담자는 자신이 얼마나 화가 났는지에 대해서 온전히 느끼고, 이야기하고, 울고 나서야 그동안의 다양한 일들과 변기에 앉아서 보낸(좌약과 관장제) 그 모든 시간을 포함한 일들에 대한 (이전 일주일 동안의) 자신의 반응을 스스로에게 이해되는 방식으로 연결시킨 것에 대해 깨달았다. 자신의 감정들을 변기에 물 내리듯이 보내 버리는 대신, 우리는 (다시) 감정들이 무엇인지 명명하고 다스리는 것에 대해 다시 이야기했다(이 상황에서는 분노와 상처). 그녀는 "나는 그렇게 해요. 그죠? 나는 나의 감정을 배설물 처리하듯이 다루었어요."라고 말했다.

나는 자기설립의 과정을 이중 나선형의 이미지를 사용하여 그려 보았다. 내담자와 치료사 각기 다른 이중 나선형으로 보여지고 있다. 이중 나선형 중 굵은 한 줄은 자아의 표현적 기능을 나타내고, 다른 한 줄은 자아를 담는 기능을 나타낸다. 각각의 줄은 강하고 유연해야 한다. 이 줄들은 서로 균형이 맞아야 하며, 그들 사이에 많은 연결성이 있어야만 한다. 그리고 만약 나선형을 만드는 한 쌍의 줄 사이의 관계가 미흡하거나 지나치게 엉켜 있거나 약하면, 자기인식과 통합 능력이 제대로 발휘되지 못할 것이다. 내가 그린 이중 나선형 중 하나를 '자아 나선'이라고 부르며, 이것은 자아를 설립 혹은 재건하는 사람을 나타낸다. '다른 나선'은 재건의 과정을 촉진하는 주양육자 또는 치료사의 자아를 나타낸다. 이 그림은 발달적이며, 하는/움직이는(doing/moving)의 단계에서 시작하여 자기재건의 단계로 전진한다(분리-개별화). 자기세움의 과정에서 치료사와 내담자는 자아의 표현적 기능과 담는 기능 간의 균형을 재건하고 회복하며, 이 두 기능 간의 연결을 풍부하게 엮거나 회복하기 위해서 능동적이고 상호적으로 작업한다(그림 3 참조).

두 나선형 사이의 '구분의 공간'은 자아와 타인과의 경계가 더욱 분명해지고, 더욱 자족함에 따라(더욱 분리되고 개별적으로), 점진적으로 나타나며 더욱 확연해진다. 다른 것들은 통제되고 분리되고 개인적으로 구분된다고 경험되거나 받아들여진다. 이 '구분의 공간'은 자기설립에 너무나도 필수적인 놀이, 탐색, 그리고 창조("내가 누구인지, 당신은 누구인지?" "세상은 이전에는 어떠했으며, 지금은 어떠한지?"에 대한 창조와 재창조)가 일어나는 공간이다. 내담자와 치료사의 지속적인 노력으로 만들어 낸 이 공간을 유지하고, 이 공간의 진실성, 연민, 안전을 유지함으로써 자기설립의 솔직함, 연약함, 종종 나타나는 공포스럽고 괴기스러움이 불필요하게 방해를 받거나 제한받지 않을 수 있다.

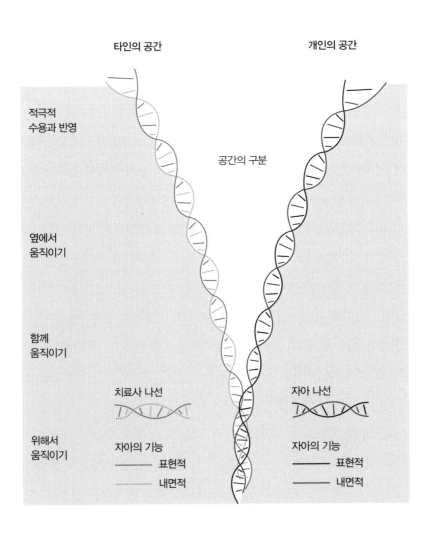

그림 3

자아재건의 과정

6. 수출-수입의 비즈니스와 같은 자기세움의 기초

나의 개인치료실 초창기에 만났던 내담자들 중에는 여러 번의 세션을 마치고 난 후에 분노의 춤을 추고나서 내 앞에 앉아서는 나를 들어안아 저 창문 밖으로 내던지고 싶다고 말한 내담자가 있었다. 나는 말문이 막혔다. 내 기억으로는 그녀에게 자신이 느끼는 바를 나에게 말해 줘서 기쁘다고, 설득력 없이 말했다. 그러고 나서 나는 내가 그녀에게 무엇인가에 대해서 이야기하였고, 그것이 무엇인지 알지 못했다. 나는 그녀에게 "당신은 꼭 그렇게 하지 않으셔도 됩니다. 나의 지적능력, 힘, 여성성에 대한 당신의 질투도 당신의 일부 중 하나예요. 언제든지 원할 때 되돌릴 수 있어요." 라고 말했다. 우리 둘은 모두 어디서 튀어나왔는지 모르는 이 말에 놀랐고, 우리는 이를 수용하였다(이 일은 우리 모두에게 해방감을 주었고, 이 세션 이후에 많은 멋진 춤들을 선보일 수 있었다). 그리고 나는 이것이 우리 둘 모두에게 맞아떨어지고 도움이 되었다고 생각한다. 이는 종종 무의식적으로 우리가 자신의 일부를 보호하거나 없애버리기 위해 타인에게 줘버리거나 보관하는 전반적인 과정을 살펴볼 수 있도록 하였다. 마찬가지로 우리는 자신이 타인이 되어 이를 빌리고, 시도해 보고, 모방한 다음 통합하거나 거부한다. 이 필수적인 과정에서, 우리는 자신이 바라는 자신의 모습과 자신이 좋아하거나 존중하고 부러워하는 누군가처럼 자신을 만들면서, 우리 자신을 창조해 내려고 노력한다.

　나쁘거나 불편한 감정들은 거부당하거나 외부로 보내지는 경향이 있다. 내담자 A와 C는, 이 영역에 관해 자신들의 뛰어난 능력과 기술은 인식하지 못하고, 모든 타인들을 둔감하거나, 비열하거나, 잔인하거나, 인색하거나, 혹은 쉽게 유기한다고 생각했다. 이 두 내담자는 자신이 가진 둔감성, 비열함, 유기에 대한 능력을 인지하고, 자신이 다른이들에게만이 아니라 자신에게 얼마나 빈번하게 둔감하고 비열하고 혹은 유기하는 행동을 했는지 인식할 수 있게 되었을 때, 이들 각자에게는 자기재건의 과정이 현저하게 진전되었다. 내담자 A는 자신의 어머니처럼 신체신호, 감각, 혹은 감정에 귀를 기울이는 것에 흥미를 가지지 않았다. 그리고 그녀는 자기 어머니가 그랬던 것처럼, 가혹하고 처벌적으로 자기 자신을 대했다. 내담자 C는 자신만의 삶을 구축하려고 하는 동안, 모든 호흡과 움직임은 자기 원가족에 계속 매달려 내적으로 가족전쟁을 치르고 있었다.

나는 내담자에 대해서 어느 정도 알게 되고, 예상 가능하고, 신뢰할 수 있는 부분들이 형성되기 전에는 이런 수위의 역동적 작업은 보통 시작하지 않는다. 가끔 선택의 여지가 없을 때도 있는데, 이런 경우 내담자의 관계를 지탱해 줄 긍정적인 작업관계가 충분하지 않기 때문에, 나는 내담자와 함께 작업하는 것을 지속하지 않는다. 이러한 작업에 연루되면, 나는 내담자에게 다음과 같이 말한다. (1) "인간이라는 사실을 받아들이는 것이 중요합니다. 왜냐하면 당신은 인간이고, 인간이란 온갖 생각과 감정을 받아들이고 심사숙고하는 것을 의미하기 때문입니다." (2) "온전한 인간이 된다는 것은 인간의 일부인 생각과 감정을 없애는 것이 아니라, 이를 통합하는 것(엮어내는 것)을 의미합니다." (3) "우리는 생존하고 자신을 분명히 밝히기 위해 분노, 화, 비열함이 필요합니다. 우리는 슬픔도 필요합니다. 우리는 이 모든 감정들을 듣고, 담고, 반응할 수 있으며, 스스로를 압도하지 않는 방법으로 경험하는 것이 필요합니다."

　이것은 자기세움의 과정에서 중요한 애도의 단계에 대해 말하도록 나를 이끈다. 우리의 인생에서 중요한 사람을 잃었을 때, 상실에 대한 애도를 할 수 없다면, 우리는 우리가 잃은 그 사람처럼 되는 경향이 있다. 이때 우리는 상실한 그 사람에 대해 우리가 좋아하는 면과 싫어하는 면 모두를 닮아가고, 이를 의식적으로 결정하는 것이 아니다. 내담자가 삶에서 간직해 온 분노, 비탄, 그리고 실망의 방대함을 인식하고 경험했을 때, 내담자는 자기 자신과 자신이 잃어버린 사람들에 대한 애도를 가질 수 있다. 그래야 내담자는 자기 자신을 더욱 충분히 그리고 완전히 표현하거나 되찾고, 정의하고 재구성할 수 있으며, 이것이 치유의 시작이 된다. 그래서 내담자의 관점에서 본 치료과정은 이런 식으로 구성된다.

1. 치료사와 연결감 형성하기
2. 나 자신과의 연결감 되찾기
3. 화, 분노, 실망, 두려움 등의 감정을 받아들이고 경험하기
4. 근본적인 슬픔과 비탄을 느끼기
5. 자신과 타인을 변화시켜 더욱 진지한 (균형 있는) 시각으로 인지하고, 자신은 물론 타인의 능력과 한계를 수용하는 방법을 발견하기

위의 첫 번째 과업인 치료사와 연결감 형성하기는 매우 중요하다. 자신

을 만들고 재건하는 일은 혼자서는 할 수 없는 일이다. 우리는 특정한 치유적 동작의 상호작용과, 앞에서 언급된 상세한 내용들을 연결해 볼 수 있는, 62쪽의 그림 3에 다른 무엇인가를 첨가할 수 있을 것이다. 따라서 '위해서 움직이기'는 1번과 관련되고, '함께 움직이기'는 1번, 2번과 관련되고, '옆에서 움직이기'는 1번, 2번, 3번과 관련되고, '곁을 지키기'는 1번부터 5번 모두와 관련이 있다.

7. 방어라는 것에 대해서

방어는 생각, 감정, 신체태도와 행동을 수반하는 습관적 반응양식으로, 의식에 의해 계획되고 유지되며, 받아들일 수 없는 (무서운) 생각, 감정, 태도 혹은 충동으로부터 우리의 자아감을 보호해 준다. 종종 우리는 좋아하거나 좋아하지 않거나, 가지고 싶거나 가지고 싶지 않거나, 혹은 가지고 있지 않은 자신의 일부분과 경험 그리고 감정에 대해 말하곤 한다. 우리는 자신을 너무 화나게 하고, 수용할 수 없고, 무서워서 차마 견딜 수 없어서, 없애버리거나 산 채로 매장시키거나 얼려 버려야 하는 자신의 일부분에 대한 경험이 있다. H. S. Sullivan의 말을 인용하면(1953, pp. 161-164), 우리는 이러한 자기상이나 경험을 '착한 나', '나쁜 나', 그리고 '내가 아님'으로 분류한다. 비록 내가 Sullivan이 의미한 바와 이 분류를 동일하게 사용하지는 않지만, 자신의 경험을 (1) 대인관계를 통한 일생의 경험, (2) 각인되어 있는 기쁨, 불쾌감, 그리고 불안감의 신체감각에 기초하여, 내적으로 체계화시키는 방법을 살펴보는 데 이 분류가 도움이 되었다. 우리는 '착한 나'와 '나쁜 나'의 자기상이나 경험에 대해서 상대적으로 체계적인 관계를 가지고 있다. 우리의 '내가 아님' 자기경험은 너무나 무섭고 끔찍한 나머지, 이 경험에 완전 압도당해 버리고 우리 안에서 와해되어 버린다. 죄책감은 '착한 나'와 '나쁜 나' 자기경험 사이의 경계에 있다. 수치심은 우리의 '착하고 나쁜 나'에 대한 자기경험과 '내가 아님'에 대한 자기경험 사이의 경계에 있다.

방어에는 수많은 종류와 조합이 있다(A. Freud의 *Ego and the Mechanisms of Defense* 참조). 방어는 친밀, 공유, 돌봄을 받고, 돌봐주려는, 인정하고 인식하려는 우리의 욕구, 즉 우리의 애착과 너무나 긴밀히 연결되어 있다. 또한 방어는 수치심, 굴욕, 거절, 상처, 질식(융합), 유기(상실) 등과 같은 우리의 두려움과도 긴밀히 연결되어 있다. 내담자 A는 방어체계와 치료과정을 통해 이 체계의 적응력이 향상되어 가는 좋은 예이다. 나는 이 변화를, '착한 나', '나쁜 나', 그리고 '내가 아님' 자기경험의 통합과, 이와 함께 일어나는 동작의 수용력도 함께 주목하면서, 도표를 통해 관찰하는 것이 유용하다고 생각한다.

내담자 A

인사하는 행동	편안하면서도 유행을 따른 옷, 잘 정돈된 머리와 손톱, 감미로운 목소리로 "자기야, 안녕", 포옹 (형편없이 정의된 경계)
'착한 나'	완벽해 보이려고, 또 부정적 감정과 신체적 욕구를 분열

	적 방어(분리)와 신체적 배출(혼동/체지방과 대변하는 것으로 감정을 대체)로 제어하려고 부단히 노력한다.
'나쁜 나'	우울감, 죄책감, 그리고 분노에 차 있으며, 일 외에 기능을 발휘하는 것에 어려움을 겪으며, 때때로 자살충동을 느끼기도 한다.
'내가 아님'	아버지에 의한 성폭행의 회상, 사실인지 아닌지 확신이 없는 어머니에 의한 신체적 그리고 심리적 폭행에 대한 내담자의 기억
동작 수용력	앉아서 우울해하거나 바닥에 쓰러져 있다(나쁜 나). 움직임을 요청받았을 때와 움직일 수 있도록 지지를 받을 때 잠깐 움직인다(착한 나). 능동적으로 스스로 움직일 수 없다(내가 아님).

그녀 어머니의 집에서 나와 자신만의 아파트로 이사를 한다.

인사하는 행동	이전보다는 외모에 공을 덜 들이기 시작한다.
'착한 나'	약간의 부정적 (특히 어머니를 향한) 감정들을 견뎌내기 시작하고, 어머니로부터 독립되어 존재할 자신의 권리를 느끼기 시작한다. 정화의식은 계속된다.
'나쁜 나'	우울하기보다는 더 화가 나 있다.
'내가 아님'	회상이 줄어들고 그녀 자신의 잔인함을 알게 된다.

동작 수용력	전체적으로 신체적 능동성과 생동감 증가, 우리가 함께 움직일 때는 심지어 분노와 안도(발산)를 표현하는 것 까지도 즐김, 드디어 자신의 즉흥적인 분노의 춤이 절 정에 이른다 (나쁜 나와 착한 나의 약간의 통합).

그녀는 자신의 아버지와 닮은 알코올 중독자인 남성과 사귀게 된다.

인사하는 행동	이전과 유사하지만, 그녀는 이제 내가 어때 보이는지와 나의 감정에 대해 궁금해하기 시작한다.
'착한 나'와 '나쁜 나'	분리하기가 더더욱 어려워진다. 모든 방어기제의 사용 은 여전하지만, 그녀는 자신에게 일어난 일이 정말로 무엇이었는지와 무엇이 의식적 행동을 계속하게 하는 지에 대해 궁금해하기 시작한다. 그녀는 자신의 약간 의 느낄 권리와 함께 자신이 존재함을 경험한다. 그녀 는 대인관계를 잘 다루고, 현재에서 경계를 분명히 하 기 위해 열심히 노력하고 있다. 그리고 고양이를 입양 한다.
'내가 아님'	회상은 점점 감소하고 있으며, 현재의 경험이 초기의 부모님에 의한 A의 폭행의 기억들을 더욱 상기시키고 있다. 알코올 중독자 친구에 관련하여 심한 수치심을 느낀다.

동작 수용력	주제는 '이것이 내 몸이다'이지만, 그녀 자신의 몸이 아직은 완전히 그녀의 것이 아니므로, 이 주제로 움직이는 것은 간간히 일어난다. 경계를 분명히 하고 '아니요'라고 말하기를 지지받는 움직임 작업(그녀를 위해서 그리고 함께 움직이기), 착한 나와 나쁜 나의 더욱 완전한 통합을 촉진하기

그녀는 알코올 중독 남성과의 만남을 끝낼 수 있게 된다.

인사하는 행동	이전과 유사
'착한 나'	이 셋을 분리하는 것이 확연히 어려워진다. 특정한 기
'나쁜 나'	운이 퍼지는 것 같은 신체적 감각(신호)이 회상을 일으
'내가 아님'	킬 때를 제외하고는 회상은 멈추었다. 그녀는 외적 신호와 이와 연결되는 내적 기억을 재빨리 찾아낼 수 있다. 이제 회상에 의해 압도되는 대신에, 그녀의 자아감은 체계적으로 유지될 뿐만 아니라 방어적이고 순응적으로 활성화된다.

그녀는 성폭행이 정말로 일어났음을 믿고, 그 인식을 다음과 같이 사용할 수 있게 되었다. (1) 현재의 대인관계에서 자신을 보호하기 위한 경계를 뚜렷이 하는 데 사용, (2) 직장에서 특별히 돌보는 것이 어려운 환자에

	대한 자신의 한계와 도움이 필요함을 더욱 쉽게 수용
동작 수용력	동시에 그녀는 세션에 또 나오지 않고 있다. 자동차 고장과 몸 '고장'. (여러 번의 가벼운 상해와 병, 이는 증가된 수치심과 긴장의 증상을 나타낸다.) 그녀는 자신의 몸을 오직 그녀만의 것으로 거의 되찾은 상태이다. 이제 세션에서 그녀는 더 화를 내며, 자신의 어떤 움직임에서 빠져나올 수 있으며, 그녀의 가족에 대한 분노를 더욱 독립적이고 직접적으로 표현한다. 세션이 아닌 실생활에서, 그녀는 새로운 성적 관계를 시작했는데, 이 관계에서 그녀는 상대를 유혹하는 요부의 역할을 한다.

8. 회상의 관리에 대한 노트

회상이란 내담자에게 있어서는 자아에게 일어난 과거의 너무나 엄청난 공격의 느낌을 기억하는 유일한 방법이다. 신경계에 암호화되어 회상이 되는 외상경험은, 일관성 있고 지속 가능한 자아감과 대인관계를 없애버리기 때문에, 의식적으로 기억하기에는 너무나 무섭다. 외상을 경험하는 당시에, 외상을 입은 사람의 중추신경계는 너무 극심하게 활성화되어 있어, 외상경험은 정교한 감각 세부사항으로, 생생한 압도적 공포와 무력함으로 저장된다. 가족에 의한 다른 아동폭행 피해자들처럼, A의 회상도 폭행의 흥분감과 사랑했던/증오했던 폭행자를 향한 애착에 매달리고 간직하는 방법이었다. 피해자들에게 회상은 폭행 당시 겪었던 연약함, 무력함, 배신감, 그리고 감각과 자극의 반복이다. 오직 증진된 자기인식, 조직화, 느낌을 통한 기억으로 회상을 비활성화하고 대체할 수 있다.

치료사가 내담자의 회상 내용 자체에 너무 관심을 가지게 될 때, 혹은 내담자가 너무나 충격적인 흥분에 연루되어 버릴 때, 의뢰인에게 해가 되는 것 같다. 내담자는 아직 회상을 기억할 수 없으므로, 치료사가 내담자를 위해 그들의 회상을 관찰하고, 듣고, 느끼고, 기억하여, 초기 외상경험의 반복을 불가피하게 이용할 수 있는 현재에 사는 것을 내담자와 연습하는 것이 훨씬 더 도움이 된다고 생각한다. 또한 우리는 내담자의 회상이 일어나는 동안 그리고 그 직후에, 내담자의 회상에 대한 반응을 다룰 수 있도록 도와야 한다. 내담자 A는 그녀의 회상의 현실에 대해 아주 걱정했다. "정말 그 일이 일어났던 걸까요?"라고 나에게 물으면, 나는 그건 모르겠지만, 계속 작업해서 내담자 스스로가 결국은 이를 결정할 수 있을 거라고 대답했다.

9. 휴가라는 주제에 대해서

휴가는 치유관계에 일정 시간 동안의 분리를 일으키는 복잡한 것이다. 휴가와 관련된 환자의 감정을 충분히 잘 다루었을 때, 치료작업도 방해받지 않고 치유관계도 파괴되지 않는다. 누가 휴가를 가든지, 휴가는 해방감이나 박탈감과 함께 치료사가 내담자를 유기하는 것처럼 내담자가 경험할 수 있다는 것이 문제이다.

'없애버리는' 태도는, 이 (그 어떤) 분리에 관련하여, 인식되고 다루어져야 할 특히나 파괴적인 태도이다. 내담자에게 이는 연약함, 수치스러운 의존, 창피한 부족함(혹은 치료가 의미하는 어떤 '나쁜 것')을 없애는 형태가 된다. 치료사들에게는 이 태도가 비위에 거슬리거나 격감시키는 짐(혹은 내담자가 상징하는 어떠한 고난이든지)을 없애려는 행동으로 나타난다. 이 모든 '없애버리는' 태도를 찾아내어, 휴가가 진정으로 필요한 이완과 쉼의 시간이 되고, 서로(치료사나 내담자)에 대해 생각하고 보고 싶어 하는 시간이 될 수 있도록, 이 태도는 치료에서 반드시 다루어져야 한다.

이제 누군가를 그리워하기 위해서(헤어져 있을 때 연결감을 느끼려면), 사람은 자신 안에 어떤 식으로 타인을 상상하고, 그 타인과 함께 동반하는 능력이 있어야 한다. 어느 정도 잘 짜여지고 체계화된 자아와 타인의 경험을 가진 내담자는 그리워하는 것에 있어 그다지 도움이 필요하지 않다. 통합된 자기와 체계가 아직 더 필요하거나 유기에 대해 특히 연약한 내담자들은, 중대한 도움이 필요하다. 휴가(혹은 일시적 분리)가 다가올 때 나는 각각의 내담자에게 보고 싶을 것이며 의뢰인 생각을 많이 할 거라고 말한다. 나는 의뢰인들이 "난 치료사 선생님이 _____라고 했던 말이 내 귓가에서 생생하게 들려요." 혹은 "우리가 세션에서 _____ 했던 것처럼 내가 혼자 하더라고요."라고 말할 때, 그리고 내담자가 나를 받아들였음을 나타내고 우리가 함께 한 작업의 안정적인 내적 묘사와 같은 진술을 할 때 나는 이를 자세히 기록한다.

내담자가 나를 받아들였고, 내가 내담자를 떠나기 전에 내담자가 나를 떠나려고 하는 정도로 유기에 대해 민감하지 않을 때, 나와 마찬가지로 의뢰인 역시 분리기간 동안 나를 마음속에 지니고 다닐 것이다. 의뢰인 R과 의뢰인 B는 분리기간 동안 나를 내재화해서 다닐 수 있었다. 내담자 A가 이미 세션과 세션 사이에 나를 내재화하는 것을 어려워하고 있었다. 나는 치료 초기에 그녀에게 조그만 물건을 주었고, 그녀는 이것을 집에 보관하면서 소중히 여겼다. 그리고 내가 여행 갈 때마다 엽서를 그녀에게 보냈다. 조그만 물건과 엽서는 구체적이고 만질 수 있으며, 과도적인 우리를 지속적으로 연결시켜 주는 다리 같은 물건이 되었다. 내담자 A보다는 조금 더 체계화된 내담자 C는 내가 휴가를 가자, 혼자 남겨지지 않기 위해서 자신도 휴가를 갔지만, 자신에게 나를 그리워하도록 허락할 수 없었으며, 누군가를 그리워하는 감정이 어떤 느낌인지도 몰랐다.

나의 내담자들이 휴가를 갈 때, 우리는 내담자들이 자신들의 슬픔, 부러움, 근심, 분노, 두려움 등 무엇을 가지고 갈지에 대해 이야기한다. 예를 들어, 지난 휴가 중 의뢰인 A는 때때로 자신의 기분이 '가라앉는 것'을 느꼈고, 우리가 이런 감정들이 일어날 것을 미리 예상했기 때문에 그녀는 지나치게 겁내거나 자신이 미쳤다고 생각하지 않았다. 그녀는 이런 일이 생길 것이라고 '우리'가 휴가 전에 미리 이야기했던 것을 기억할 수 있었다. 휴가나 일정 분리기간이 다가올 때, 나는 내담자들과 우리의 치료작업이 현재 어디에 있으며 다음 세션에는 어디서부터 다시 시작할 것인지에 대해 이야기한다. 우리는 다음 세션 날짜도 정한다.

치료사인 내가 휴가를 가는 경우는, 정말로 힘들어하거나 위기상황에 있거나 혹은 위기상황을 예상하고 있는 내담자들에게 나와 통화할 수 있는 전화번호를 준다. 내 개인치료실에 오는 내담자들은 분리기간동안 불필요하게 나를 방해하거나 우리의 연결감을 지속하려는 나의 노력을 악용하지 않는다는 것이 나에겐 정말로 행운이다.

내 치료작업의 규모는 작아서, 다른 치료사들이 대신 맡아 줄 필요가 없고, 다른 치료사들 없이 오직 나만이 내 내담자와 치료작업을 한다. 내담자들이 필요할 땐 나에게 전화를 걸어 통화할 수 있다는 것이, 내가 나의 일을 직접 처리하는 데 도움이 된다. 휴가 중이나 다른 어떤 때도, 여기에 언급된 내담자들로부터 불필요한 전화를 받아본 적이 없다.

10. 내담자와의 신체접촉과 접촉의 치유적 사용에 대해서

나는 세션 끝에 항상 하는 포옹이 그들에게 너무나 의미가 컸던 내담자 두 명의 기억으로 시작하고자 한다. 나의 포옹은 어떤 일이 있어도 받는다는 것을 아는 것은 그들이 믿을 수 있으며, 간청하거나 자신을 만회하려는 노력이 필요 없으며, 어떤 것의 대가로 받는 것이 아닌 포옹이다. 이 포옹은 나 자신의 초기 불편함이나 포옹에 대해 이야기하려는 나의 노력으로 망친 적이 없는 포옹이다. 포옹의 역할이 무엇이었든지 이를 다할 수 있었고, 치료과정을 통해 우리와 함께 완벽하게 움직일 수 있었던 그런 포옹이다. 나는 내담자들을 항상 포옹하지는 않는다는 것을 말하고자 한다. 어떤 내담자들은 내가 전혀 포옹하지 않고, 또 눈맞춤만으로도 이미 밀접한 접촉이 되는 그런 내담자들과는 악수도 하지 않는다.

신체접촉은 우리 감각계의 초석 중 하나이다. 이것은 사람, 사물 그리고 다른 살아 있는 것 등 우리가 인지하는 세상과의 상호작용의 전체적 역사를 담고 있다. 신체접촉은 우리 신체상의 발달과 유지에 필수적이고 조직적인 부분이며, 신경정신적으로도 필수적이다. 우리 삶의 초기부터 시각, 움직임 및 신체접촉은 신경학적으로 긴밀히 연결되어 있다. 그리고 정상적인 시력을 가진 사람들에게 접촉은 야간에 식별하게 하는 필수적인 형태이다. 신체접촉은 우리 자신과 타인과의 '긴밀함'에 있어서, 그리고 무엇이 실재하는지 우리 자신을 알 수 있게 하는 능력에 필수적인 부분이다. 우리는 다양한 욕구와 감정을 표현하기 위해, 우리의 언어적 의사소통을 위해, 또 주의를 끌기 위해 신체접촉을 사용한다. 신체접촉은 가장 친밀하고 개인적인 것에서부터 가장 공식적이고 공적인 것에 이르기까지, 어떤 수준의 접촉이든 품행규칙을 따라야 한다.

나는 우리의 저항력이나 신체접촉을 받는 즐거움에 영향을 미치는 수많은 종류의 신체접촉을 포함하는 그림 4(77쪽 참조)를 만들었다. 치료과정에서 신체접촉이 바람직하거나 유용하거나 불가피할 때, 이를 고려해보고, 기억하고, 토의와 움직임 작업에 대해 열려 있는 자세를 가지는 것이 매우 중요하다.

내담자와의 신체접촉 전에 항상 허락을 받는 것이 중요하나, 허락을 받았다 하더라도, 많은 내담자들이 자신의 필요와 두려움에 따라서 이를 혼동하거나 왜곡할 것이다. 반면, 신체접촉을 시도하기 전에 아무런

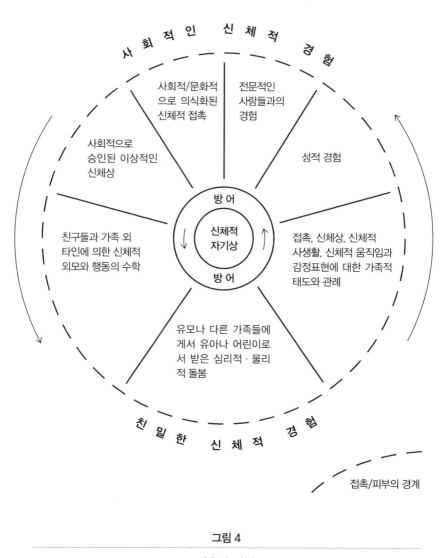

그림 4

접촉과 신체

논의도 하지 않는 내담자들도 있다. 이상적으로는, 신체접촉을 받는 것이 완전히 편하지 않다면, 내담자와 치료사 모두 접촉에 대해 안전하게 느낄 수 있어야 한다. 하지만 가끔 누군가가 자신을 만지는 것 혹은 다른 사람을 만지는 것은, 내담자가 인정받는 느낌이나 내담자가 치료사인 당신과 바로 여기에 존재한다는 느낌을 받는 데 너무나 중요해서, 치료사를 포함한 타인을 전혀 배려하지 않는 내담자들도 있다.

자신을 찾아 자신 그대로 존재하는 경험의 근본은, 자신의 몸을 찾아 자신의 몸 그대로에 존재하는 경험이다. 건강한 내담자 대부분이, 자신의 감정과 함께 하는 것이 기본이 되는, 자신의 몸을 찾아 몸 그대로에 존재하고 신체감각을 느끼는 것을 상당히 어려워한다. 신체가 느끼는 삶은 보통 다음의 두 가지 방법으로 차단되어 있다. (1) 신체감각과 행동의 얼어붙은 마비에 의해, 혹은 (2) 신체감각과 행동의 불안해하는 마비에 의해. 이 두 방법 내에서 이루어질 수 있는 감정을 차단하거나 마비시키는 방법에는 여러 가지가 있으며, 이 방법들은 습관적이며 감정의 경험에 대한 방어이다. 다음의 예를 고려해 보길 권한다.

1. 타인에 의해 '행해진' 많은 침범으로 인해, 자신의 몸이 '내 몸' 같이 느껴지지 않는 내담자
2. 느낌을 가지고 사는 것이 너무나 불편하거나 위험하여, 자신의 몸을 유기해 버린 내담자
3. 자신의 몸에 대한 외모, 몸짓, 행동이 타인을 기쁘게 하기 위해 개조

되어 버린 내담자

4. 자신의 신체에 대해 차고 꽁꽁 얼어붙거나, 뜨겁고 폭발할 것 같다고 느끼는 내담자

5. 자신의 신체가 움직이는 것을 정지할 수 없는, 쉬거나 이완해 보려고도 할 수 없는 내담자. 그리고 이외에도 훨씬 많은 예가 있다는 것을 믿어 의심치 않는다.

이 각각의 내담자들이 접촉하고, 타인이 자신에게 접촉하는 것을 어떻게 경험하는지를 관찰하는 것과 운동 감각적으로 내담자들의 경험이 어떨지 상상해 보는 것과, 그런 다음 이 경험이 치료과정을 어떻게 전환시키는지 기록하는 것이 중요하다. 종종 접촉을 가장 절실히 필요로 하여 시작하는 사람은, 신체적 경험이 방어적으로 마비되어 있는 내담자(내담자 A처럼)이다. 왜냐하면 내담자는 '내가 존재'하며 '나는 나 자신 외의 어떤 사람과 관계를 맺고 있다(나는 혼자가 아니다)'는 것을 느낄 필요가 있기 때문이다.

내담자와의 신체접촉에 있어서 나에게는 지침이 있다. 첫 번째로, 필수적인 곳에 부드럽지만 분명한 경계를 정하고, 나 자신의 편함과 불편함을 정직하게 의식하여 인간사에 있을 수 있는 (더 이상의) 거절, 창피, 그리고 당황스러움을 내담자가 경험하지 않도록, 나는 거의 항상 내담자가 신체접촉을 처음 시작하도록 한다는 것이다. 두 번째로, 내가 신체접촉을 먼저 시작할 때는, 신체접촉이 시작하기 이전이나 세션 중에, 나는

항상 허락을 구하면서 신체접촉의 이유를 설명한다. 세 번째로, 내가 내담자와 신체접촉을 사용할 때는 다음의 목표를 이루기 위해서이다.

1. 언어보다 중요하고 언어만으로는 표현하기 어려운, 기본적인 수용과 존재를 알리기 위해서
2. 내담자가 그들의 신체감각을 경험하기 시작하고, 그들의 몸을 그들 자신의 것으로 되찾아 가고, 얼어붙거나 마비되어 있는 신체부위 간의 연결감을 회복해 가는 것을 돕기 위해서
3. 내담자가 자신을 진정시키는 것을 배우고, 그들의 내적 또 외적 자극(혹은 자극의 부재)에 대한 자신들의 반응을 더 성공적으로 조절할 수 있도록 돕기 위해서
4. 지금 현재의 순간으로 의뢰인의 주위를 끌기 위해서
5. 의뢰인이 자신의 신체적 경험을 일관성 있고, 현실적인 신체상으로 전환/재조직하는 것을 돕기 위해서

솔직히 말하면, 나는 첫 번째로 동물, 어린아이들, 그리고 가장 최근의 내 딸아이를 키우는 경험을 통해 누구를, 어떻게, 어디를 그리고 언제 만져야 할지, 또 접촉, 움직임, 목소리가 얼마나 수많은 감정을 전달할 수 있는지에 대해 풍부하면서도 가끔은 아픈 교훈을 얻었다. 이는 말로는 표현할 수 없는 인간관계의 아름다운 춤이다.

11. 치료사가 움직이고 내담자는 움직이지 않을 때

내가 여기서 묘사하고 싶은 것은 치료사가 움직이고 내담자가 관찰하는 그런 드문 상황이다. 이런 상황은 치료사가 특정한 기술이나 이완운동을 내담자에게 시범 보일 때 일어날 수 있는데, 이는 내담자가 시각적-운동 감각적 경험을 통해 이 운동을 연습할 수 있도록 하기 위함이다. 이는 내담자가 어떤 감정, 꿈, 희망, 기억, 혹은 현재 삶의 경험을 묘사하고자 노력할 때, 치료사가 이러한 예를 직접 보여 주는 것이 도움이 될 수 있을 때도 일어날 수 있다. 앞선 이 두 가지 예는, 치료사가 시범을 보이고 말로 설명하면서 동작의 기술을 내담자에게 가르쳐 주는 교훈적인 성질이 있다. 이런 상황은 내담자-치료사 관계의 후기 단계 어디에서든지 나타날 수 있다.

하지만 특히 나의 관심을 끄는 것은, 이것이 자연스럽게 그리고 더욱 심도 있는 치료작업을 하면서 일어날 때이다. 내가 수년 전 작업했던 심각한 감정적 영양결핍으로 고생한 사례를 아주 선명하게 기억한다. 그녀는 날씬하고, 불안감과 신체적 긴장으로 인해 창백하며, 자기표현의 모든 면에서 한정되어 있고, 친밀감과 성행위를 아주 두려워했다. 친절하고 유순해 보이기 위해서, 그녀는 자신을 화나 있고, 부족하고, 내키지 않는 사람으로 소개했다. 우리는 부드럽고, 이완하며, 자신을 개방할 수 있도록 함께 작업했다. 처음에는 바닥에 눕거나 큰 공을 이용해 작업했고, 나중에는 스튜디오 전체를 이동하면서 춤추는 동작형태로 작업했다. 세션을 통해서, 우리는 그녀 자신안의 내면과 우리 둘 사이의 연관성에 대해 작업을 했다. 내가 말하고자 하는 이 세션은 우리가 함께 한 작업의 후반부에 일어났다. 이 무렵, 우리는 꽤 자주 '함께 움직이는' 연결감을 가지고, 서로의 '가까이'에서 움직였다. 그녀는 (앞뒤 혹은 좌우로) 부드럽게 흔들림에 의해 생기는 리듬(rocking rhythm)이 있는 부드럽고 달콤하나 슬픈 음악을 선택했다. 그녀는 큰 공을 사용하고 있었고 나는 조용히 그녀 근처에서 움직이고 있었다. 어떤 것/어떤 사람에게 집중하면서 휴지조각에 연필로 긁적대는 것처럼, 나는 이런 식으로 움직이는 것을 '낙서'라고 부른다.

서서히 그녀는 그 공에서 굴러나와 나를 보면서 바닥에 누워 쉬기 시작했다. 음악은 계속 흘러나왔다. 그녀는 바닥에 누워 현저히 이완되고 만족스러워 보였다. 나는 간단한 흔들거리는 움직임과 그녀 쪽으로 돌기와 그녀가 없는 쪽으로 돌기(등대의 불빛 이미지)를 번갈아 하면서, 계속해서 그녀 근처에서 움직였다. 우리가 분리되어 있으면서도 서로 완전히 연결되어 있는 드물지만 멋진 우리 사이의 조율이 일어났다. 이 조율은 만약 내가 움직이는 것을 정지했다면 망쳐버렸을 것이다. 나는 마치 내가 자장가를 몸으로 추면서 그녀를 안아 흔들어 주는 것처럼 느껴졌다. 그녀는 (그녀가 나중에 말했듯이) 침해받지 않으면서도 엄청난 마음의 위로를 받았다.

이런 내담자의 경우처럼, 초기의 일관적으로 실패한 어머니의 조율이나 격발(충돌)의 경험은, 차후의 대인관계에 깊고 지속적인 영향을 미친다. 이런 내담자들이 겪은 대인관계에 대한 경험은, 상대방에 어울리는

'딱 맞는' 사람이 되기 위해서 노력하는, 최소한이라도 수용받기 위한 노력을 혼자 다 하는 것이었다. 그런 다음, 그들은 자신의 노력의 좌절과 불가피한 실패에 절대적 고적감과 분노를 느낀다. 이 기억에 남는 세션에서, 우리는 임시적으로 하나가 되어 존재하고 행동할 수 있을 만큼, 서로 간의 경계심을 낮추었다. 우리의 존재함과 행동함이 완전히 연결되어 있고 조율되어 있는 이상, 누가 존재하는 역할을 하고 또 누가 행동하는 역할을 하는지는 중요하지 않았다. 이 세션에서 우리는 간격을 두고 일어나는 자양분에 보충하는 작업을 함께 많이 이루어냈다. 이 자양분의 보충 작업을 통해 그녀는 일하기보다는 (그녀는 나를 쉬지 못하고 일하고 있다고 인식했다) 마침내 부드러워지고, 자신을 열고, 이완하고 쉴 수 있게 되었고, 내 자장가를 그녀의 귀와 눈으로 받아들임으로써 그녀 자신이 위안을 받도록 하는, 진정한 치유의 경험이 되었다.

12. 관리의료라는 주제에 대해서

내가 관리의료(managed care)에 대해 말하고자 하는 것은 사실은 환자치료(patient care)에 관한 것이다. 나는 가능한 모든 면에서 내담자들이 자신의 치료를 제어하는 경험이 내담자들에게 또 내담자들을 위해서 얼마나 중요한지 강조하고 싶다. 이는 내담자들이 언제 시작하고 끝낼지, 얼마를 지불할지, 세션을 얼마나 자주 할지, 어떤 문제를 파고들지, 또 어떤 종류의 사생활 보호를 필요로 하는지에 적용된다. 내 작은 개인치료 시설에는, 남성과 여성을 막론하고 모든 내담자들이 유기, 방치, 침범,

혹은 폭행의 배경이 있으며, 이로 인해 성장과 발달과정에서 생겨난 자신의 필요와 감정에 대한 불감증이 지배적이고 심하게 손상된 경험을 겪어 왔다. 현재에도 존재하고 있는 관리의료기관에서는 내담자들의 입장보다 자신들의 입장과 치료의 질보다는 경제적 이익을 더 중요시하기 때문에 관리의료기관에서는 앞에서 묘사된 내담자들의 경험이 반복된다. 좋은 치료는 치료를 받고 또 치료가 너무나 절실히 필요한 대상과의 협의나 협동 없이 독단적으로 시행되는 것이 아니다. 개인치료사로서 혹은 치료기관으로서 제공할 수 있는 치료에는 한계가 있다. 그러나 좋은 치료과정에서도, 현실적으로 또 자비롭게 내담자들의 감정과 욕구 그리고 그들이 지금껏 해 온 자신들의 치유에 대한 투자를 생각하고 지지한다 하더라도, 내담자들이 자신을 보여 줄 때, 우리는 이러한 한계를 대면할 때가 있다.

part 2

part **2**

내 작업에서 무용/동작치료사와
내 자신이 되는 것에 대해서

서 론

2부에서는, 나 자신에 대해서 이야기하고자 한다. 나는 자신과 타인의 치유, 삶의 질의 향상, 창의성, 존중 그리고 진정성을 위해서, 평생 겪어온 그리고 현재에도 겪고 있는 작업의 어려움을 이해하고자 나를 예로 또 본보기로 생각한다. 독자들의 개인적인 배경이 시각의 중심이 되며, 독자 자신의 인생에 대해 자신만의 시각을 가지고 이 책을 읽을 분들께 감사하다. 당신이 아주 개인적인 이유로 무용/동작치료에 관심을 가지고 있기를 바란다. 그러므로 이 책에 나의 개인적인 이야기를 더 쓰고 포함하기로 한 나의 결정을 당신이 이해하기를 희망해 본다.

2부는 세 부분으로 나뉜다. 첫 번째 부분에서, 나는 내 인생에서 나를 만든 경험들과 무용/동작치료사가 되기로 한 내 결정에 대해 되돌아본다. 두 번째 부분에서, 나는 무용치료의 경험과 나의 내담자들과 함께 한 수많은 세션들에 대한 나의 경험에 대해 적어본다. 마지막 부분은 무용/동작치료사로서 우리가 대면하는 어려움을 살펴보고, 우리가 세상에 미치는 영향과 우리의 행동이 너무나 중요한 이유를 설명하는 데 집중하였다.

무용/동작치료사가 되는 것

나에게 있어 우리의 인생이란 수천 개의 기억과 경험의 색실로 우리가 짜낸 미완성의 방대한 벽걸이 융단 같다. 우리의 인생은 새로 누적된 경험과 기억을 포함하여, 층층이 맞물리는 복잡한 패턴으로 우리의 이야기를 하며, 한 번만 짜는 융단이 아니라, 여러 번 짜고 또 짜는 융단이다. 인생을 되돌아보면서 "어떻게 내가 여기서 이런 일을 하게 되었을까?"라고 자신에게 물어보는 것은 쉬운 것만은 아니다. 그러나 나는 내 인생의 융단의 두꺼운 실들 사이를 느슨하게 해서, 그 실들이 어디서 시작하고 어떤 다른 실들이 함께 짜여지거나, 교차하거나, 혹은 아래로 지나가는지 볼 수 있다. 나는 이 실들의 이름을 알고, 이 실들에 대해 조금씩 이야기하고자 한다.

나는 첫 번째 실을 '병원'이다. 그것은 한 가닥의 두꺼운 검은색과 빨간색 실이다. 이 실은 부드럽고 화사한 색깔로만 가득했을 내 융단의 시작에 검은 상처를 만든다. 나는 네 살 때 복부 수술로 10일 정도 입원한 적이 있다. 나를 매일같이 보러 왔던 우리 부모님과 떨어져 있었다. 아주 능숙한 의사와 간호사들이 나를 돌봤지만, 이들은 이런 경험이 아이에게 어떤 영향을 미치는지에 대해서는 너무나 조금밖에 알지 못했다. 내가 경험한 것은 유기당하고 고문당한 것이었다. 나는 내가 얼마나 무서운지 설명해 보려고 시도도 못 해 볼 정도로 위축되었고, 아무도 이해를 못 하는 것 같았다. 우리 가족, 그 의사들과 간호사들 모두 하나같이 나를 낫게 하려는 것이고, 나를 (주사를 놓고, 꿰매고) 아프게 할 때마다 안타까워했지만, 말 잘 듣는 아이가 될 수 있도록 최선을 다해야 한다는 태도를 보였다. 나는 말 잘 듣고 착하게 되려고 노력했고, 그들은 상냥하려고 노력했다. 하지만 그것은 끔찍했다. 나의 어머니는 나를 달래주려 했지만, 항상 떠나야 했다(그 당시에는 보호자가 환자와 함께 병원에 머물 수 있는 제도가 없었다). 이 경험으로 인해, 초등학교 때는 거의 기능을 못했고, 망상과 악몽에 시달렸다. 나는 지금까지도 이 경험의 영향을 다음과 같이 받는다. (1) 분리에 대한 두려움, (2) 혼자서 너무나 많은 것들을 다루고 생존해야 했던 경험으로 인해 말도 못할 정도의 슬픔과 지독한 자부심, (3) 내 몸에 대한 절대적 방어, (4) 특히 두렵거나 화가 날 때 착하려고 부단히 노력하는 충동, (5) 나의 살인적 분노에 대한 깊은 존중. 나는 이 경험과 모든 감정들을 내 무용/동작치료 작업에 이용한다. 이 경험과 감정들은 깊은 심리적 과정을 위한 나의 지도와 나침반 역할을 한다.

나는 두 번째 실을 '지구'라고 부르고, 이는 내 평생 계속되어 온 식물, 돌, 하늘, 물, 그리고 동물들과 나의 열정적 관계의 일부를 묘사한다. 이 지구는 아름다운 갈색 핵을 무지개 색깔이 감고 있는 모습을 하고 있다. 이 세상은 내가 너무나도 의존하고 있던 인간 세상보다 더 안전하고 더 확실히 존재하는 것 같았다. 나는 어릴 적 우리 동네 모든 집의 울타리를 모조리 탈 수 있게 될 때까지, 수백 시간을 울타리를 타며 보냈다. 이 활동은 나에게 내 몸의 각 부위의 크기, 모양, 힘, 그리고 범위에 대한 소중한 정보, 시각적 계획과 배열, 움직임의 계획과 배열의 변형을 통해서, 균형감각과 조정력의 기술을 주었다. 나는 내가 뛰어 넘어 다니던 정원들의 다양한 식물과 나무, 수많은 색깔, 질감, 향에 대해 탐구했다. 더 커서는 거대한 화강암에 내 몸을 누르고, 화강암의 지지와 바위에 눌린 내 몸의 경계를 아주 분명히 느끼면서, 높은 산을 등반했다. 일 년 내내 편하게 야외활동을 할 수 있는 기후대에서 성장한 것은 정말로 큰 축복이었다. 나는 내 모든 감각을 이용함으로써 내 몸 이외의 바깥 세상과 연결감을 느낄 수 있다는 것을 배웠다. 나는 크고 작은 모든 종류의 동물들을 관찰했고, 그 동물들을 흉내냈고, 그들과/그들에게 이야기했고, 가능할 때는 그들과 함께 놀았다. 나는 나를 사랑해 주는 대가족 가정에서 자랐지만 몹시 외로웠다.

나는 세 번째 실을 '말(horse)'이라고 부른다. 이 실은 얇고 강한 은색과 금색 실이 검은색, 갈색, 빨간색 그리고 회색 실에 감아져 있다. 말은 진정한 인간관계, 또 춤과 나를 연결해 주는 다리역할을 했다. 말은 크고 따뜻하며, 살아 있고 지극히 기동성이 있으며, 말은 탈출에 대해서도 이해한다. 말은 나에게는 새로운 도전이었다. 나는 나를 태우고 움직이는 이 존재와 함께 안전하고 책임감 있게 움직이는 방법을 배워야 했다. 실제로, 승마를 통해 한 마리가 아닌 많은 말을 수년간 만났는데, 이 말들은 걸음걸이, 기운의 정도 그리고 성질도 모두 달랐다. 나는 이 모든 말들과 좋은 한 쌍(나에겐 편안하고 안전하고 즐거우며, 말에겐 알기 쉽고,

하기 쉽고, 즐거운)이 되기 위해서 유연성이 필요했다. 말은 제각각 뚜렷한 성격을 지니고 있고, 나는 이런 말들에 대해 (1) 말들이 심리적으로 괴로워할 때 달래는 방법, (2) 말들을 괴롭히거나 공포심을 주는 것들을 미리 예상하는 방법, (3) 말들에게 어떤 먹이를 주고, 어떻게 만져 주고, 솔로 빗겨 주고, 쓰다듬어 주는 것을 좋아하는지, (4) 어떻게 움직이는 것을 좋아하고, 말이 무엇을 할 수 있고 배울 수 있는지 너무나 알고 싶어했다. 말은 비언어적 의사소통과 우정에 대해 수년간 나에게 아름다운 교훈을 주었다. 다른 사람들로부터 말 타는 법을 배우고 함께 탔기 때문에, 내가 처음으로 무언가를 잘하게 된 경험과 나의 첫 우정에 관한 많은 것들이 말들과 관련되어 있었다. 나는 특히 아름답고, 재빠르고, 기상이 넘치고 (정열적인) 말에게 끌렸는데, 이유는 이런 말을 타는 것이 황홀해서가 아니라 이런 말들과 하나가 되어 움직이고 성공적인 한 쌍이 됨으로써 말처럼 완전히 주의를 기울이며 생기 넘치는 가운데, 나 자신의 강하고, 정열적이고, 열의를 보이고, 성적이고, 아름다운 면을 찾을 수 있었기 때문이었다. 말은 나에게 너무나도 큰 선물을 주었다.

새로운 환자와의 시작은 새로운 말과의 시작과 별로 다르지 않다. 나는 나 자신에게 몇 가지 동일한 질문들을 해 보아야 한다. 지금 이 사람이 어떻게 움직이는가, 그/그녀가 어떻게 움직여야 하는가 혹은 어떻게 움직이고 싶어하는가? 어떤 자연적이고 실질적인 한계가 존재하는가? 어떤 경험과 인식이 이 사람이 두려움 없이 움직일 수 있는 자유를 손상시켰는가? 이 사람이 나를 믿고 나와 움직일 수 있도록 돕기 위해서, 나는 내 신체와 목소리를 어떻게 사용할 수 있는가?

말은 (그리고 다른 모든 동물도) 움직임-사고-느낌이 아주 매끈한 완전체가 되는, 통합적 움직임의 우수한 예다. 나는 나 자신의 통합적 움직임을 찾기 훨씬 전에, 특히 말의 등에 아무것도 얹지 않고 탈 때, 말을 통해 내 몸으로 통합적인 움직임을 경험할 수 있었다. 대학에 진학했을 때, 나는 나 자신의 통합적 움직임을 찾을 준비가 되었었다. 나는 완전히 새로운 방식으로 나 자신을 위해 춤추기 시작했다. 나는 어렸을 때 발레, 성장해서는 볼룸댄싱, 민속무용, 스퀘어 댄스를 배웠으나, 그때는 보여주기 위해서 혹은 즐기기 위해서나 어울리기 위해서 춤을 추었다. 이제 나는 완전히 새로운 목적이 생겼다.

나는 네 번째 실을 '음악'이라고 부른다. 음악은 숨처럼, 분위기처럼 스며든다. 이 실은 기상 시스템처럼 분위기를 파고드는 모든 색깔들로 칠해져 있다. 그것은 가끔은 부드럽게 또 가끔은 격동과 잔물결과 그리고 파도를 일으키며 흐르는 물처럼 벽걸이 융단 사이를 물결친다. 나의 아버지는 산 속의 개울을 사랑했던 만큼 음악도 사랑하셨다. 나는 피아노와 클래식 음악을 고등학교와 대학교 때까지도 진지하게 공부하며 수년간 배웠다. 나는 리듬, 흐름, 그리고 구조의 균형과 이 형태 안에서 표현될 수 있는 깊은 감정의 깊이를 사랑했다. 나는 나 자신을 담아 음악을 연주하기 시작했고, 나 자신에게 귀를 기울이기 시작했다. 또한 음악은 말 없이 소극적이고 거리감 느껴지는 내 아버지와 나를 연결해 주었다. 우리는 피아노를 함께 연주하는 것을 아주 좋아했다. 처음엔 음악이 나를 춤으로 이끌었다. 나는 내 손가락, 팔 그리고 몸통보다는 나 자신을 더 움직이고 싶었다. 나는 목소리만이 아닌 내 몸 전체로 노래하고 싶었다. 나는 이 세상을 자신 있고 자유롭게 표현하는 내 말처럼 살고 싶었다.

나는 다섯 번째 실을 '어머니'라고 부른다. 이 실은 청록색, 노란색, 그리고 주황색에 난꽃의 분홍색이 조금 조금 섞여 있다. 이 실은 빨간색, 주홍색, 그리고 남색으로 돌돌 뭉쳐서, 벽걸이 융단의 반쪽을 완전히 뒤덮는 작은 불꽃놀이가 된다. 그런 다음 모든 실이 어둡게 바뀌면서, 벽걸이 융단의 중심을 가로지르는 첫 번째의 짙은 검은 줄이 되면, 희미한 은색의 점이 있는 회색빛이 감도는 파란색의 그림자가 융단의 나머지 부분의 밑부분을 엮는다. 내 어머니는 긴 암투병 끝에 내가 스무 살 때 돌아가셨다. 그해가 1963년이었다.

어머니는 너무나 총명하고, 진실하고, 열정적이고, 이상주의적인 여자였다. 어머니는 사람들을 좋아하셨고, 특히 정치이론, 윤리, 그리고 종교에 대한 식견이 깊으셨다. 어머니는 우리가 살았던 시와 주의 정치적 활동에 엄청난 시간과 에너지를 쏟으셨다. 어머니는 짓궂고 매혹적인 유머 감각과 격한 성미가 있으셨다. 어릴 적에는 어머니가 나를 고통에서 구하려고 애쓰는 것인데도, 나를 구하려고 하는 것인지 죽이려고 하는 것인지 결코 알 수가 없었다. 행동, 성적, 그리고 외모에 대한 어머니의 기준이 너무나 높아서, 어머니를 기쁘게 해드리기란 거의 불가능했다. 나는 나 자신을 못생기고, 항상 잘 못 하고 부족하다고 생각했다. 어머니와 함께 하는 것은 그 무엇도 너무나 재밌었다. 어머니의 호기심은 끝이 없었고, 아무것도 두려워하지 (불가능하지 혹은 상상할 수 없지) 않으셨다. 어머니는 생각하는 방법, 열심히 일하는 방법, 그리고 함께 즐기는 방법도 가르쳐 주셨다. 그리고 어머니는 내게 가능한 절대로 화를 내지 말라고 가르쳤다. 화를 낸다는 것(피할 수 없는 것으로 보이는)은 마치 어머니가 그랬던 것처럼 이성을 잃고 신체적으로 휘둘러 치는 행동을 하는 것을 의미했다. 어머니는 무엇이 사람들을 '폭발'하게 하는지에 매료되셨다. 나는 무엇이 우리 어머니를 '폭발'하게 하는지에 매료되었다. 우리 어머니의 행동과 성격의 극단적인 대조는 우리 모두가(나 자신, 아버지, 그리고 여동생 두 명) 감당하기에 난해하고 무서웠으며, 어머니 자신까지도 힘들게 했다. 그러다가 어머니가 병으로 아프셨고 어머니가 아프신 그 시간은 끔찍 그 자체였다. 나는 지금도 그 시간에 대해 솔직하게 쓸 수가 없다. 우리는 어머니가 돌아가시기까지 간신히 살아남았다.

나는 어머니의 철학, 역사, 정치이론, 그리고 종교를 공부하는 그 세계에서 심리학을 발견했다. 또한 나는 어머니의 편견과 함께 심리학을 발견했다. 사람들이 자신의 감정을 다룰 수 없다면, 그것은 그들이 생각을 분명히 또 정직하게 알지 못하고, 그들 자신의 행동과 감정을 바로잡도록 훈육을 하지 못하기 (할 의지가 없기) 때문이다. 간단히 말해서, 감정적인 도움이 필요한 사람들은 멍청하거나 약하거나 혹은 둘 다인 경우라는 것이다. 그야말로 감정적인 도움이 많이 필요했던 어머니 자신은 그 어느 것도 못한 경우이다. 나는 이 말에 백 번이고 동의했다.

내가 대학을 졸업할 당시 무용치료에 대해서는 들어본 적도 없었다.

그 당시에 내가 알던 것은 어린이들과 작업하고 싶다는 것이 전부였다. 나는 역사 선생님이 되기로 결정하고, 대학원에 진학하여 부전공으로 사회학을 공부했다. 나는 내가 가르치는 것을 너무나 싫어한다는 걸 발견했다. 그것은 내가 그 당시 절대 아니었고 할 수도 없었던, 권력자처럼 행동하거나 내가 지금 무엇을 하는지 마치 다 아는 것처럼 행동하는 것을 요구했다. 가르치기 위해서는, 그 당시 내가 절대 할 수 없었던, 훈육을 하고 한계를 정하는 역할도 해야 했다. 그래서 나는 특수교육으로 전공을 변경하고, 이 전공과목을 수강했다. 장애 아동과 일하기 위한 이 변화는 나에게는 다행스럽고 직감적인 결정이며, 빠른 변화를 가져다주었다. 나는 그 여름 동안 정신분열증 아동들을 위한 통학학교에서 조무사로 자원봉사하면서 이 아이들을 깊이 이해할 수 있었다. 다음 해, 나는 우리 아동심리학 교수님께서 하시는 자폐 아동에 대한 연구를 자원하여 도왔다. 교수님께서 내가 무용과 음악을 할 수 있다는 것을 아시고, 말을 거의 하지 않는 이 아이들과 무용과 음악으로 작업해 보라고 권유하셨고, 무용과 음악을 사용했더니 아이들이 반응했다. 나는 그 즉시 이것이 바로 내가 평생 동안 하고 싶은 것임을 알았다.

마지막 실은 너무나 겁에 질린, 힘들어하는, 그리고 이상한 이 아이들이고, 나는 이런 아이들에게 너무나 끌렸다. 그들은 무용치료사로서 그리고 한 인간으로서의 여행에 빛이 되어 주었다. 이 실은 금색으로 되어 있고, 햇빛처럼 빛을 그 검정 띠에서부터 시작해 어머니의 죽음이라는 그림자에 그리고 후의 다른 내 인생의 죽음에 빛을 비추고 반짝인다.

병원, 지구, 말, 음악, 나의 어머니, 그리고 그 아이들이라는 실은 모두 함께 짜여져, 나의 무용치료 작업의 발전에 풍부하고, 깊고, 강한 토대가 되었다. 이제 내게 필요한 건 내가 이미 완전히 열성적인 이 일을 계속할 수 있도록, 나라는 세상 바깥에 있는 선생님, 진짜 장소, 그리고 진짜 사람이 필요했다.

나의 무용수 친구가 내가 한 자폐 아동과의 작업에 대해 듣고선 "너는 무용치료를 하고 있구나."라고 나에게 말해 주었다. 나는 누군가가 내가 하는 것을 알아보고 명명할 수 있다는 것이 너무나 신이났다. 뉴욕 시에서 온 내 친구는 한 선생님의 성함도 알려 주었다. 블란쉐 이반. 나는 내가 할 수 있을 때 꼭 그녀와 함께 작업하리라 나 자신에게 약속했다. 몇 년 후(1973), 나는 작은 집단의 헌신적인 학생들과 함께 선생님께 훈련받게 되었다.

블란쉐 이반과의 내 작업에 대해 쓰는 것은 쉽지 않다. 이는 거의 20년 전이었던 그 당시, 내 훈련은 나에겐 너무나 지극히 중요했고, 나의 시간, 관심, 에너지를 소모해 버렸기 때문이라고 생각한다. 지금까지도 그 훈련은 오랫동안 나의 무용치료 작업 토대의 주요부분이 되어 왔기 때문이다. 튼튼한 토대가 그러하듯, 20년간의 작업을 가능하게 해 주면서, 땅 밑에 단단히 자리잡고 있다. 나는 선생님과 함께한 작업을 내 안에서 분명히 볼 수는 없지만, 항상 내 몸에 있다는 것을 알고 있다.

블란쉐 이반 교수법은 사람들이 자신들의 깊은 감정, 생각, 경험, 희망, 그리고 꿈에 대해 춤추도록 훈련하는 방식이다. 이 교수법에는 학생들에게 폭넓은 표현적 신체 움직임과 개인의 움직임의 탐험, 즉흥무, 그리고 무용학을 위한 광범위한 시스템을 제공하기 위해서 그녀가 디자인한 종합적인 '기능적 기술'이 있다. 이 방식은 다음 세 가지에 대한 그녀의 보기 드문 이해에 기초하고 있다. (1) 습관적인 신체태도와 행동이 무의식적으로 또 의식적으로 어떻게 우리의 과거 경험과 감정에 의해 만들어지는지, (2) 극단적인 근육의 긴장(너무 과하거나 너무 약한)이 우리의 감정의 인지와 감정을 표현하는 능력을 이렇게 제한하고 손상시키는지 혹은 우리의 행동을 어떻게 변화시키는지, (3) 인간의 노력(의지), 즉 계속해서 시도하는 능력이 춤과 매일의 일상생활에서 최대의 자기표현과 자기결정을 성취하는 데 어떻게 필수적인지.

내가 그녀와의 작업에 대해 생생하게 기억하는 것은 온전히 나 자신만을 위한 신체적 그리고 감정적 공간이 주어졌다는 느낌이다. 나만을 위한 그 작업은 내가 내 몸 안에서 어떻게 살고 있었는지(몸의 구조와 기능)와 나의 표현적 능력과 한계에 대해 배우는 것이었고, 완전히 살아 있고 나와 타인에게 솔직해질 수 있는 용기를 점진적으로 주는 춤을 만들어 내는 것이었다. 나는 그 작업을 그녀와의 개인 세션과 집단훈련세션에서도 했다. 블란쉐와의 작업은 내가 이전엔 알지 못했던 느낌-존재함-움직임이 통합되어 자립적으로 움직이는 충만함을 가르쳐 주었다. 또한 그것은 나에게 유사한 인생을 사는 타인(정상의 신경증)을 돕는 데 필요한 소중한 도구를 주었다.

블란쉐 이반 방식은 대인관계 역동(interpersonal dynamics)에 초점을 맞추지 않았다. 다른 선생님들의 워크숍에서 집단역동과 집단작업의 기본과 체이스(Chace) 기법의 기초를 배웠다. 나는 뉴욕대학교 대학원 교육심리학과에 진학하여, 아동발달 석사 학위를 취득하였다. 이는 발달심리학과 대인관계 역동에 대한 중요한 정보를 나에게 주었고, 시야를 넓힐 수 있는 책들을 접할 수 있게 해 주었다. 그러나 Speppard and Enoch Pratt 병원에서 수년간 일한 경험이 무용치료사로서 심각한 심리적 장애가 있는 의뢰인과 효과적으로 작업하기 위해서 내가 필요하다고 느꼈던 대인관계 역동의 단단한 토대가 되었다.

내담자와 함께 하는 무용/동작치료에서의 나의 느낌

사례 : 나는 나와 내 작업에 대해 조금 아는 간호-영양사의 소개로 새 내
담자가 오게 되어 신이 난다. 30대의 키가 크고, 명랑하고, 협조적인 여성
이 나의 스튜디오에 들어온다. 나는 그녀와 인사를 하고 우리는 스튜디오
한쪽편의 카펫에 앉는다. 그녀는 왜 자신이 나와 작업하러 왔는지에 대해
분명히 알고 있다. 그녀는 골반부위의 느낌을 거의 느끼지 못한다고 자신
에 대해 설명한다. 그녀는 성폭력의 경험이 있으며, 몇 년간 언어중심의
상담을 받아왔다. 그녀는 경험하고 표현하기 시작한 난해하고 두려운 느
낌과 기억을 많이 가지고 있었지만, 그녀 안에 엉켜서 뒤죽박죽된 감정과
기억들이 훨씬 더 많이 있었다. 이는 무용/동작치료사에게 알맞고, 내담
자가 의욕이 있는 추천 사례이다.

초기의 세션에서, 그녀와 나는 둘 다 불안하고, 우리의 안전을 걱정하
며, 우리의 수용 가능성에 자신 없어 하고, 너무나 어색한 느낌에 화가
나 있다. 우리는 희망에 차 있기도 하다. 나는 그녀가 어떻게 움직이고
싶어 할지, 그녀의 춤을 통해 드러나게 될 이야기와 감정에 대한 환상이
있다. 내담자는 그녀가 어떻게 움직이고 싶어 하는지, 그녀가 할 수 있기
를 바라는 (비탄과 분노) 춤에 대한 환상을 가지고 있다. 그녀와 나는 우
리가 얼마나 불안해하는지, 항상 시작이 얼마나 힘든지, 그리고 움직이

기가 얼마나 힘든지에 대해 이야기한다. 우리는 그녀가 자신의 춤을 추는 것을 시작하기 전에, 어떤 일이 일어나야 할지에 대해 조금 이야기한다. 우리는, 지금 함께 앉아 있는 단단하고 안전하고 넓은 바닥처럼, 우리가 이완하고, 쉴 수 있고, 마음을 터놓고, 느끼고, 믿는 우리 관계의 기반을 형성해야 한다. 이것은 우리가 함께 작업할 수 있도록 하는, 적당한 이해와 합의를 찾는, 상호 간의 언어적 그리고 비언어적 상호작용을 통해 우리가 함께 만들어 가는 관계의 기반이다. 우리가 이 기반을 다지는 방법을 알게 되어야 편안함이나 효율성을 가지고 함께 작업할 수 있다. 왜냐하면 이 기반 없이는 우리 중 아무도 자신에게 그리고 우리의 감정에 더 진실해지는 것에 안전함을 느끼지 못할 것이기 때문이다. 우리가 이를 만드는 과정에 실패한다면, 나의 새 내담자는 그녀 자신과 나를 포기할 것이다. 이 과정은 우리의 첫 전화통화로 시작되고, 세 번째 혹은 네 번째 세션쯤까지 만들어진다. 그런 다음, 강한 불안과 불만을 유지하는 것은 너무나 어렵다. 무슨 이유로든, 내가 적절한 치료사가 아니라든지, 어떻게 시작할지에 대해 동의하지 않는다든지, 의뢰인이 정말로 시작할 준비가 되어 있지 않다든지 등의 이유가 생긴다면, 우리는 함께 작업할 수 없다.

초반부의 세션과 무용치료 과정 중 일어나는 내 감정은 누구든지 어떤 사람(친구, 상사, 상관, 애인, 선생님 등)과 새로운 관계를 시작하고 유지할 때 느낄 수 있는 것들이다. 일반적으로 심리치료 분야와 특히 무용/동작치료의 독특한 점은, 이런 감정에 대한 우리 자신의 인식을 어떻게 발달시켜서 효과적으로 우리의 치료작업에 사용하는지이다. 내가 첫 세션에 느끼는 불안감과 이 불안감에 대한 내 인지를 어떻게 사용하는지에 대해 묘사하려고 노력했다. 또한 우리 둘 다 우리가 시작하려는 이 작업의 알지 못하는 것에 대한 공포에 가까운 깊은 불안감을 느낀다. 나에게는 자신감을 주는 나의 모든 기술과 경험이 있다. 그리고 새로운 내담자 자신의 몸에 내재된 아주 독특한 방식, 즉 그녀가 만든 삶의 이야기가 있다. 이 이야기의 많은 부분들과 감정의 대부분을 잃어버린 상태다. 일반적인 가상만 할 수 있을 뿐, 이는 미지의 영역이다. 우리 관계의 기반을 형성하는 것을 넘어, 너무나도 겁나는 이 미지의 영역을 헤쳐나가기 위해서는, 창의성과 인내심이 우리 둘에게 필요하다. 이는 너무나 많은 것을 알지 못하는 무용치료 작업의 초반부와, 또 갈등과 두려움이 작업을 모두 엉망으로 만들어 버리는 이후에도 필요하다.

　내담자들과의 무용치료 작업이 나에게는 어떤지에 대해 적기 위해서, 나는 독자들에게 솔직해야 한다. 나는 독자들이 자애롭고, 내 감정을 이해하고 느껴보았을 것이라 믿어야 할 것이다. 만약 그렇지 않다면, 독자들의 거절, 무관심, 조롱(단순한 나의 상상)이 내 마음을 아프게는 하겠지만, 나에게 심각한 상해를 입히지는 못한다는, 나 자신에 대한 확신이 있어야 할 것이다. 새로운 내담자들과 작업할 때마다 내가 가장 두려워하는 것은, 그/그녀와 '알맞은' 방법으로 '연결'되지 못해서 내가 유기되는 것이다. 내가 '연결'에 대해 말하고자 하는 것은, 감정의 세계에서 하나가 되는 것이다. 내가 의미하는 '알맞은' 방법이란 너무 가깝지도 너무 멀지도 않고, 너무 능동적으로 관심 있어 하거나 너무 태연하게 수동적이지도 않고, 너무 권위적이거나 너무 친근하지도 않아, 내담자가 안전하게 표현할 수 있고, 나도 안전하게 감정을 받아들일 수 있는 것을 말한다. 내가 의미하는 유기는, 우리가 함께 만들고 있었던 우리 관계에 내담자가 일으키는 고의적이고 거의 영구적이며, 나에게는 만회할 기회조차 없는 불화를 말한다. 이는 내담자와 내가 서로를 연결하는 방법을 못 찾는 경우와는 다르다. 이런 경우에는 나는 유기되었다는 느낌을 받지는 않지만 슬퍼하고 체념한다. 우리가 함께 작업할 수 없지만 불화는 필요하지 않다. 그저 우리는 작별인사를 하면 된다.

나의 더 발전된 판단력에도 불구하고, 나는 유기의 두려움을 새로운 관계마다 가져가며, 나의 내담자를 기쁘게 하고 나 자신도 보호하기 위해 너무나 열심히 노력한다. 일단 나와 내담자 간의 관계가 더욱 안정적 (적당한 기반, 연결감, 투자)으로 되면 나의 두려움은 감소된다. 나는 내담자들에 의해 몇 번 유기된 적이 있다. 최근에 있었던 세 가지 사례가 생각난다. 한 내담자는 그녀의 이전 치료사에게 유기당한 것에 대한 보복으로 분노에 가득 차서 나를 떠났다. 다른 한 내담자는 단순히 다시는 세션에 오지 않았고, 내 전화에 대한 답신도 하지 않았다. 또 다른 내담자는 펑펑 울면서 떠난 뒤, 나에게 전화로 이 작업을 감당할 수 없다고 말했다. 매번 이런 사례가 생길 때마다 이것이 내 탓인 것 같고, 무력해지고, 화가 났으며, 끔찍하면서도 무섭게 친숙한 감정을 느꼈다. 나는 내 잘못에 비해 내 어머니의 감정의 폭과 강도가 너무나 컸고, 내가 표적이 되었던, 어머니의 폭력적인 분노를 떠올린다. 성인이 되고 나서야, 어머니의 분노가 내 행동과는 거의 상관이 없었다는 것을 알 수 있었다. 나를 유기한 이런 내담자들의 사례도 마찬가지이다. 하지만 나는 우리 관계의 불화에 내포된 그들의 분노와 실망을 흡수하여, 마치 내가 아주 대단히 잘못한 것처럼 나 자신을 탓한다. 이렇게 나는 내 자신을 유기한다.

나는 내 내담자들이 미처 인지하지 못하는 분노, 공포, 절망, 수치, 고독 등, 그들이 표현하지 않은 감정들을 마치 스펀지처럼 빨아들인다(투사 동일시). 나는 이런 감정들을 너무나 쉽게, 비언어적으로, 또 가끔은 나도 모르게 새 내담자를 만나서 내 자신을 보여 주는 과정에서 그리고 내담자가 어떤 사람인지 또 내담자가 무엇이 필요한지를 파악하는 과정에서 흡수한다. 나는 먼저 신체적 불안으로 이 감정들을 흡수하고, 세션이 끝난 뒤에 인지한다. 나는 이완할 수 없고, 불안해하며 성큼성큼 걷는다. 나는 새 내담자에 대해 몇 시간 동안, 어떤 경우에는 며칠 동안이나 걱정한다. 나는 내담자나 내가 말했던, 말하지 않은, 말해야 했었던 또는 내가 한, 하지 않은, 해야 했었던 등의 이것저것에 지나치게 집착한다. 일단 이 느낌이 누구의 것인지 더 분명히 알게 되면, 즉 내 감정인지, 아니면 내담자의 것이지만 일시적으로 내 감정과 함께 있는 것인지를 알게 되면, 내 몸은 차분해지고 긴장과 불안은 사라진다. 예를 들어, 어떻게 내담자의 투사된 두려움이 나 자신의 두려움에 조심스럽게 다가가는지, 혹은 어떻게 내담자의 투사된 외로움이 나 자신의 외로움에 기대는지, 그리고 나 자신의 감정들과 너무나도 비슷하지만, 내 것이 아니고 똑

같지도 않다는 것이 너무나 흥미롭다. 이렇게 해서 나는 내담자가 되지 않고서, 내담자의 감정을 함께 그리고 그/그녀를 위해서 (연민과 동정을) 느낄 수 있다. (정신과 의사인 내 남편이 나를 보고, "아, 투사적 동일시. 이번엔 누구야?"라고 말할 때, 너무나 도움이 된다.)

반면 나의 새로운 내담자가 인지하고, 느낄 수 있고, 나와 공유할 수 있는 감정들이 있다. 이것들도 나는 흡수하지만, 내담자들의 것이라고 분명하게 분류하고, 내가 할 수 있는 최대한 그 감정에 충실히 반응한다. 내담자가 표현한 그리고 표현하지 않은 감정들을 보관하고 조절할 수 있도록 돕는 일은 너무나도 어렵다. 느낌을 보관하고 조절한다는 것의 의미는, 감정의 활력, 가시성, 목소리, 혹은 움직임을 빼앗지 않고, 감정의 크기와 강도를 제한함으로써, 감정을 길들이고, 감정과 공생하고, 또 이를 안전하게 표현할 수 있게 되는 것을 말한다. 이는 야생마를 안전하게 돌보고 길들이기 위해 우리를 짓는 것과 어느 정도 유사하다. 이 잠재적 존재/놀이/춤의 공간을 지지하거나 만드는 것은 감정을 탐험하고, 추적하고, 명확히 하여 자아에 통합시키기 위해서이며, 처음에는 내면화된 공유하는 감정의 공간이 되고, 그다음에는 대인관계 작업의 공간이 된다 (106쪽의 그림 5와 D. W. Winnicott의 아주 멋진 작업 참조).

나는 내담자와 처음으로 연결되는 것을 묘사하기 위해서 자물쇠와 열쇠의 이미지를(Naess, 1982) 사용해 왔다. 왜냐하면 이 이미지는 나와의 상호작용으로 인해 자신을 정의하기 시작하도록 돕는 내담자에게 나를 맞추어 서로 잘 어울릴 수 있도록 하는 과정, 즉 나의 상호작용의 경험을 정확히 묘사하기 때문이다. 이 자물쇠와 열쇠는 치료작업이 계속 진행되면서 그 적합함을 찾아가듯 살아 있고 변한다. 그리고 이 서로 간의 궁합은, 자기 정의의 독특함, 마찰, 실망, 불만이 있어, 좋으나 완벽하지 않은 것이 중요하다. 일단 내담자의 감정을 안전하게 담아 주고, 그 감정의 강도와 흐름에 따라 변화할 수 있는 능력과 함께, 초기의 궁합이 확실히 자리를 잡고 나면, 내담자와 나는 서로를 이해하고, 협력하며, 근본적으로 연결되며, 서로에게 애착을 느끼게 된다. 우리는 우리만의 독특한 언어적/비언어적 기본어휘를 만들어 낸 것이다. 이제 우리에겐 작업을 위한 토대가 생겼다.

이 초반부 작업은 단지 견뎌내는 (감정을 보관하고 조절하는) 것이 도전이 아니라, 각각의 새로운 내담자가 내 안에 만들어 내는 감정들을 효과적으로 사용하는 것이 나에게는 도전이다. 비록 전후사정과 결과가 내 행동과 내담자의 행동을 그대로 유지하거나 바꾸도록 어떻게 압력을 가하는지, 이를 분명히 알고 이해하는 것이 아주 중요하긴 하지만, 나는 이 작업을 단지 인지적으로나 행동적으로만 할 수는 없다. 느낌이 먼저 와야 한다. 새 내담자가 내가 어떻게 해 주길 원하는지에 대한 그 압력을 내가 정확히 느낄 수 있어야 한다. 그런 다음 내가 어떻게 어디서 그 압력에 반응할 수 있고, 또 반응할 수 없는지를 결정할 때, 나 자신의 한계나 내가 압력에 반응하는 것이 의뢰인에게 도움이 될지를 고려해야 한다. 수개월 동안 함께 작업하면서 적당히 좋은 궁합을 형성하고 재형성하는 과정을 통해 모든 주요 치료 사안들이 나타난다. 나는 우리가 처음으로 치료적

위해서 움직이기	위해서 그리고 함께 움직이기

나　　　　　　환자

1
시작

2
토대가 생기기 시작한다.

신체경계와 자아감의
핵심

손상된 신체경계와
잘 아는 자아감의 핵심

길들여지지 않는 감정

길들여지는 감정

점차 내면화되고 담을
수 있는 공간

3
토대가 더 단단해지고
안정적으로 된다.

무용동작치료 *임상노트*

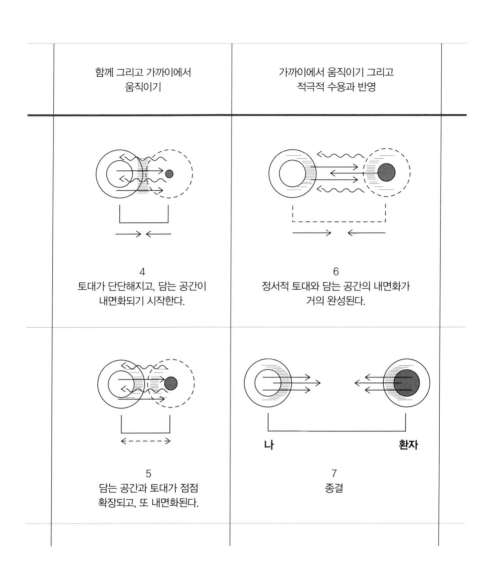

그림 5

지지해 주고, 담고, 또 자아형성 공간으로서의
대인관계의 정서적 공간의 발달

토대를 형성했을 때 비로소 안심이 된다. 왜냐하면, 이것은 우리가 함께 작업(우리의 궁합과 애착을 유지하는 수많은 상호 간의 변화와 조절)하고 더욱 더 함께 함을 느끼는 공간을 만드는 전체적 과정의 토대가 되기 때문이다. 이는 우리가 함께 하는 작업이 우여곡절, 굴곡, 지연, 그리고 폭풍에도 살아남을 것임을 의미한다.

무용/동작치료 작업이 진행되면서, 나의 내담자 안에서 통합과 침착한 자신감이 조금씩 생길 때마다, 나는 이를 내 안에서 느낄 수 있음을 알게 되었다. 나는 나 자신이 내담자에 대해 기뻐하고, 자랑스러워하며, 나 혼자서만 열심히 일하고 있는 것이 아니라는 사실에 더 이완한다. 이는 나의 내담자가 초기에는 나에게 의존했던 자신의 감정을 다스리고 조절하는 일을 조금씩 시작했기 때문이다. 내담자를 나의 감정으로 경험하는 것은 언어와 움직임이 제공하는 이 변화에 대한 자세한 정보를 나에게 주지는 못하지만, 나의 내담자가 경험하는 감정의 숙달에 대한 필수적인 변화에 대해 나에게 알려준다. 그리고 이 내담자에 대한 나의 걱정은 내담자의 커지는 자기 의무감(자신을 돌보고 자신에 반응할 수 있는 능력)에 따라 변한다. 이렇게 해서 자연스럽게, 내 역할은 마음을 고쳐 주는 사람에서 전체적 관찰자, 역사가, 미진한 부분을 모으는 사람, 그리고 숭배자로 점점 전환된다.

결국 내담자와 내가 함께 하는 작업이 멈추어야 하는 시기가 온다. 내담자와 마찬가지로, 나에게도 이는 상실이며 슬픔이다. 특히 중요한 치료작업이 끝나지도 않았는데 외적 상황 때문에 멈추어야 하는 거라면,

끝은 무섭기도 하다. 작업이 대부분 잘 진행되어 왔을 때, 우리는 우리가 함께 한 작업의 끝을 즐거움과 선물로도 경험한다. 내담자가 자신의 내적 자아를 재건설하는 데 나를 가까이 받아들이고, 믿어 주고, 나의 도움을 받고, 나를 잘 활용해 준 점에 대해 나는 깊은 고마움을 느낀다. 내담자도 상호 간의 비슷한 감사함을 느끼며, 자신을 역시 자랑스러워한다. 내적 작업은 절대 끝나지 않지만, 내담자는 이제 우리의 주 1회의 세션 없이도 인생과 사람의 어려움을 견딜 수 있는, 자신의 감정을 다루는 데 효과적인 기술과 경험 그리고 충분히 강하고 긍정적인 자아의식을 가졌다. 때때로 우리는 세션 횟수를 서서히 줄이고, 이후 몇 년간 연락을 유지하기도 한다. 때때로 우리는 과거와 미래에 대한 존중을 가지고 우리가 함께 해온 작업을 되돌아보며, 더 조직적이고 집중된 방법으로 치료를 종결할 준비를 한다. 우리는 우리의 오랜 소망, 상실감, 고마움, 그리고 실망의 감정을 표현한다. 우리는 마침내 작별을 고한다. 우리는 서로를 내려놓는다. 나는 내담자가 떠나려고 돌아서는 모습을 마지막으로 지켜본다. 문이 닫히는 것을 본다. 나는 '마지막으로 한 번 더' 하고 싶은 말 한마디, 눈빛, 악수 혹은 포옹, 그리고 행운을 빌어 주고 싶은 마음을 삼킨다. 눈물이 난다. 나는 조금 기다리다, 여느 때처럼 나가서 문을 닫는다. 나는 내 단출한 가족과 여기 있는 내 인생에 깊은 행복을 느끼며 집으로 향한다.

무용/동작치료가 무엇인지에 대해
다른 사람들과 이야기하는 것이 어려운 이유
[우리가 무엇을 하는지 설명하기]

여기에 소개된 사람들의 사회적 지위, 교육수준 혹은 직업의 종류에 상관 없이, 나에게 (그리고 수많은 다른 무용치료사에게) 일어났던 수백 번의 무용/동작치료사와 듣는 사람 간의 평범한 대화의 몇몇 예가 있다. 듣는 사람이 "그리고 당신은 어떤 일을 하세요?"라고 질문하면, 나는 "저는 무용/동작치료사이고요, 저는 자신들의 감정을 식별하고 표현하는 데 어려움을 겪는 사람들과 작업합니다. 저는 그 사람들이 무용과 표현적 움직임을 자기탐험, 자기표현 그리고 치유를 위해 사용하도록 돕고 있어요."라고 설명한다.

듣는 *사람 1* : "와, 대단한데요. 어떤 종류의 무용을 가르치세요?"

듣는 *사람 2* : "전 절대 그런 거 못 할 것 같아요, 너무 창피해서요."

듣는 *사람 3* : "사람들이 지나치게 자유롭거나 통제력을 잃는 문제를 겪어 보지 않으셨어요?"

듣는 *사람 4* : "나도 그런 거 알아요." 하며, 러닝, 운동, 에어로빅, 혹은 원예가 우울함, 스트레스, 혹은 화를 다루는 데 얼마나 도움이 되는지 이야기한다.

내가 설명하고자 하는 것에 대해, 듣는 사람이 아주 제한된 경험이 있거나 너무나도 큰 두려움이 있는 것을 자주 볼 수 있다. 분명한 것은, 이처럼 근본적으로 비언어적 신체 작업에 대한 본질적인 관점과 경험을 언어로 전달하는 것은 아주 어렵다는 것이다. 그래서 무용/동작 치료사가 무엇을 하는지에 대해 설명하는 것이 어려운 이유는, 비언어적 경험을 설명하기 위해 단어를 찾는 것이다. 다른 어려움은 듣는 사람이 대화에 가져오는 경험의 범위와 종류이다. 첫째, 듣는 사람은 무용/동작치료를 뚜렷한 목적과 구조가 있고 안전하며, 아주 신나지 않다면 적어도 자신이 경험했던 즐거운 무용 수업에 비유한다. 둘째, 듣는 사람은 감정을 드러내는 것 자체에 대한 창피함과 상처받기 쉽다는 점에 바로 놀란다. 셋째, 듣는 사람은 춤을 통해 감정을 보여 주는 표현은 충동적이고 제어력을 완전히 잃어버린 행동을 야기시킨다는 자신의 믿음(두려움 혹은 소망)을 전달한다. 넷째, 듣는 사람은 무용/동작치료를 감정을 조절하거나 명확하게 하기보다는 제어하거나 구별하는 것이 목적인 일상적인 운동이나 활동으로 너무나 한정짓고 싶어 한다.

모든 듣는 사람들이 치료로서의 무용을, 무용, 운동, 신체, 자기표현, 그리고 심리치료에 비유하는 것은 너무나도 이해가 된다. 피아제가 말했듯이, 우리는 모두 새로운 경험을 이미 존재하는 정신적 개요(기억의 조직적이고 경험적인 데이터 뱅크)에 엮는다. 그러므로 내가 하는 일이 무엇인지 설명함에 있어 나의 첫 번째 과업은, 듣는 사람이 이미 하는 것과 연결고리를 발견할 수 있게 익숙한 점을 찾도록 돕는 것이다. 다음 과업은 듣는 사람이 새로운 정보를 수용하고 통합할 수 있도록 그들의 현재 개요를 확장하거나 증진하도록 돕는 것이다. 듣는 사람들이 낯설은 것과 모르는 것을 위한 공간을 자신들 안에 만들어야 한다는 것이 무섭기 때문에 이것은 더욱 어렵다.

정확히 무엇이 그토록 무서운가? 지금까지 내가 적은 것 전부를 읽어보면서, 나는 듣는 사람들을 두렵게 하는 예상되는 경험에는 네 가지가 있다고 생각한다. 나는 이 각각에 대해 내가 할 수 있는 한 최대한 논의하고자 한다. 첫 번째는 자신의 신체를 움직여 표현한다는 것이 창피스럽거나, 굴욕스럽거나, 혹은 당황스러운 경험이다. 두 번째는 자기 제어력을 잃고, 금지된 충동에 현혹되는 경험이다. 세 번째는 아주 작고 힘이 없을 때의 강한 애착, 의존의 필요, 취약성과 무력함의 기억, 유아기와 모든 포유류의 삶에 대한 우리의 연결감으로부터 되살아난 기억의 경험이다. 네 번째는 남성성이나 여성성의 상실, 독립이나 자주성의 상실, 신체적 경계의 상실이나 증강과 같은 정체성을 상실하거나 증진하는 경험이다.

1. 자신의 신체를 움직여 표현한다는 것이 창피스럽거나, 굴욕스럽거나, 혹은 당황스러운 경험

자기표현적인 무용/동작이 아주 (초기에) 어려운 이유는, 이런 동작이 너무나 친밀하며 개개인마다 독특하기 때문이다. 미술치료에서, 표현적 이미지는 종이에 혹은 찰흙에 나타나 있다. 매체가 무엇이든지, 우리의 결과물은 자신의 바깥에 있거나 자신과 거리를 두고 있다. 대화를 이용한 치료에서, 말과 경험의 추출은, 우리 안에서 그리고 우리의 입 밖으로 나오지만, 이것들은 세상에 투사되어 있고 우리와 분리되어 있다. 언어, 소도구, 그리고 동작을 사용하는 심리극은 능동적이고 표현적인 신체 동작을 포함한다는 점에서 우리와 더 가깝지만, 구체적인 역할극의 경험, 연기, 그리고 마임과 더욱 긴밀히 연결되어 있다. 무용/동작치료는 다른 표현치료의 기술을 다양하게 빌려 왔지만, 무용/동작치료만이 '저 바깥에' 있지 않고 '바로 이 안에' 있고, 우리 자신에 너무나 가까워 우리 자신이 된다. 우리는 우리의 정신생리학의 무방비 상태를 그대로 또 아무런 보호 없이 보여 준다고 상상한다. 많은 사람들에게 이런 식으로 자신의 취약점을 보여 준다는 생각은 정말로 겁나는 일이다. 대부분의 사람들이 몸 전체가 아닌, 자신의 정신(머리)과 손을 사용하여 일하는 도시화된 사회와 환경에서는 이것이 더더욱 문제이다. 그렇다고 해서 산업화 이전의 사회 환경에서 많은 사람들에게 요구되었던 뼈 빠지는 노동이, (만약 그럴 시간이 있더라도) 개인의 자아를 느끼고 알게 했다는 말은 아니다.

만약 우리가 과거에 능동적 혹은 표현적 신체 움직임을 약간이라도 경험했다면, 우리 신체를 혹은 신체를 움직이는 것을 보여 준다는 것이 그다지 무섭지 않을 것이다. 왜냐하면 움직임을 통해서 우리는 자신을 보고 알게 되고, 또 우리를 보호해 줄 더 분명한 신체적 경계를 얻게되기 때문이다. 직접적으로 누군가가 우리를 본다고 생각할 때 너무나 무서운 이유의 대부분은 우리가 상상하는 관찰자의 기질 때문이다. 우리 대부분이 관찰자의 실제 혹은 상상의 비판과 반감을 두려워하면서, 외부 관찰자(우리를 관찰하는 타인)에 집중한다. 이 두려움은 신체적인 부족함이나 외모, 조정력, 혹은 기술의 불완전함으로 인해, 창피당했던, 모욕당했던, 침해당했던, 혹은 거절당했던 경험을 불러일으킨다. 내 생각에, 우리에게 이처럼 힘든 이유는, 우리가 표현적으로 움직이기 시작하면서, 우리가 누구인지, 우리가 무엇을 느끼는지, 정신적 그리고 생리학적인 한계 때문에 우리의 가능성과 한계를 발견하게 되면서, 우리는 우리 자신에게 놀라고 환멸을 느끼게 되기 때문인 것 같다. 하지만 우리가 움직임을 통해 자신에 대해 배워가면서, 외부의 누군가에게 관찰받는 것이 점점 쉬워진다. 우리가 무엇을 보는지 그리고 우리가 생각하기에 그들이 보는 것이 무엇인지 더욱 선명한 그림을 갖게 되어, 우리는 자신을 보호하고 지지하는 방법을 알게 된다. 우리에게는 피난처와 경계가 생긴다. 이제 (바라건대) 관찰자는 우리의 외부에 존재하고 더 이상 우리 안에 존재하는 문제가 아니기 때문에, 진짜이든 상상이든 외부로부터의 공격을 다루기가 덜 복잡해진다.

2. 자기 제어력을 잃어버리는 경험

생활하고, 숨 쉬고, 움직이고, 생각하고, 느끼는 우리의 근본적인 경험은, 가능한 최고의 기술과 만족을 얻는 목표를 성취하기 위하여, 우리의 자발적인 근육을 만들고 지휘하여 점점 더 복잡한 조정력을 발전시켜서 자신의 행동을 제어하는 것이다. 본능적으로 우리는 자신의 관심, 즐거움, 그리고 필요를 좇고, 고통, 반감, 불쾌감은 피하고, 또 우리의 애착을 보호하도록 만들어져 있다. 우리는 외부적 요인이 되는, 우리가 세상에서 만나는 사람, 동물, 식물, 그리고 다른 사물들과의 경험에 의해 우리가 이 중 어떤 것을 추구할지에 대해 힘을 얻거나 낙담한다. 우리는 태어날 때부터 자신의 근육을 통해서, 자신의 행동과 타인에 대해 예상하며 이미 겪은 결과에 관한 자기표현과 억제력에 대한 자신과의 대화를 하고 있다. 우리 모두의 이 대화에는 만족감과 바라던 환상을 버리고, 이를 살기 적합한 인간의 현실로 대체하면서, 지연과 선택을 수용하는 법을 배우는 것이 포함된다. 이 발달적 과업을 성취하기 위해서, 우리는 집 또는 학교에서, 말하기 전에 생각하며, 움직이기 전에 느끼고, 또 차례를 기다리는 것을 배웠다. 이렇게 해서, 우리는 자신의 행동이 사회와 가족의 기대와 표준에 순응할 수 있도록 우리가 생각하고 느끼는 바를 표현함에 있어 계획하고 만들라고 배웠다. 이 훈련이 우리가 개인의 사생활, 자기보호, 깊은 내적 생각, 감정, 그리고 환상을 발달시키는 데 도움이 될지는 몰라도, 이는 아주 빈번히 불행한 심리적 그리고 물리적 결과를 초래한다. 행동에 대해서뿐만 아니라, 감정과 생각에 순응하는 것에 너무나 지나치게 집중하는 교수법은, 우리가 무엇을 느끼는지, 우리가 생각하는 것이 무엇인지 잘 모르게 하기 위해, 우리의 내적 삶의 숨통을 조이는 데 쓰일 수 있다. 마찬가지로 우리의 생각과 감정을 방치하고, 무시하고, 부정하고, 가치를 낮춰 보면서, 알맞은 외모에 집중하는 교수법은 우리를 분열시킨다. 우리 대부분이 내적 감정, 생각 그리고 외적 자기표현 간의 연결이 망가지고 분열된 상태에서 아주 오랫동안 살아왔다. 이로 인해 우리는 만약 이 연결이 회복된다면, 우리는 더 이상 숨어 있고, 받아들일 수 없는 생각, 감정, 그리고 행동을 제어할 수 없게 되거나 제어하고 싶어 하지 않게 될 것이라고 정말로 믿는다. 이다음에 일어날 혼란은 상상하거나 모험삼아 해 보기조차 너무나도 무섭다. 정지! 가만히 있어! 그래서 대신, 우리는 극히 평범하며 받아들일 수 있는 우리 자신을 움직이고 표현하는 방법을 고수한다.

3. 유아기와 모든 포유류의 삶에 대한 우리의 연결감으로부터 되살아난 기억의 경험

우리가 자신을 더 개인적이고 자기표현적이며, 더 마음에서 우러나고, 사회적 제약에서부터 더 자유로운 방식으로 움직이는 것을 탐험하도록 허락하기 시작하면, 거의 필연적으로 조금은 아이 같은 느낌이 들기 시작한다. 우리는 감각-운동을 경험하는 영역인 오래되고 친근한 영역의 가장자리에 태세를 갖추고 있다. 이 감각-운동 경험은 소아기와 유아기 동안 우리 주변의 세상을 탐험하고 이해하는 우리의 지배적인 방법이었고, 우리가 성장하면서 발달시킨, 더 언어적이며 추상적인 경험과 이해하는 방법의 바탕이 되어 우리에게 남아 있다. 우리가 이 초기의 경험과 이해의 방식을 사용할 때, 우리의 반응은 자주 즐거움, 불안, 그리고 어색함의 조합으로 나타난다. 놀이, 감각적 활력, 그리고 창의성의 차원이 우리에게 열리며, 이는 매우 매력적인 동시에 위협적이기도 하다. 우리는 돌봐 주는 사람에게 완전히 소속되어 있어 의존하는, 작고, 연약하고, 무력한 느낌이 어떤 것인지 기억하기 시작한다. 이것은 우리에게 문제이고 선물이며, 우리 정체성의 근원이 되는 우리의 뿌리이다. 이러한 초기 기억의 재경험을 수반하는 고통, 슬픔, 그리고 분노의 감정들은 피할 수 없다. 자라면서 상실, 오해, 그리고 상처를 경험하지 않는 사람은 없다. 마찬가지로 우리는 애정어린 돌봄과 배려, 투자와 사랑의 긍정적인 경험 없이 자라지 않는다. 표현적 움직임은 우리를 자신으로 되돌려 주는 기억과 감정 상태를 불러일으킨다. 하지만 이 과정에서 이러한 움직임의 경험은 우리의 현재 어른으로서의 생활, 사랑, 그리고 일에 대한 적응도 불안정하게 만들 수도 있다. 우리는 과거와 현재를 존중하며 진행해야 한다.

안타깝게도 우리와 포유류를 연결하는 것은 흉잡히는 것이 되었다. 동물처럼 행동한다고 여겨지는 것은 원시적이고, 잔인하며, 욕심 많거나 역겹다고 비난받는 것이다. 사실 우리는 자신의 포유류 조상을 너무나 닮았을 뿐만 아니라 우리들 또한 동물이다. 우리의 크고 복잡한 두뇌는, 우리의 포유류 사촌들이 그들의 더 작은 두뇌로 더 간단하게 내리는 선택의 범위와 복합성을 가능하게 한다. 우리의 애착, 양육, 보호의 필요, 또 지지하고 지지를 받는 사회적 조직과 계급에 대한 필요에서 볼 수 있듯이, 우리는 근본적으로 포유동물이다. 마찬가지로 놀이, 이타심, 유머,

공유, 그리고 비통에 대한 우리의 수용력은 우리의 포유동물로서의 근원에 의존한다. 간단히 말해서, 우리가 동물이라는 것은 우리의 악덕뿐만이 아니라 미덕에도 나타난다. 우리가 현재에서 인생을 활기차고 표현적으로 사는 능력을 너무나도 자주 상실한다는 점에서, 우리는 동물, 인간, 그리고 우리가 관찰하고, 상상하고, 읽어 보는 타인, 혹은 삶과 죽음의 모든 면에 완전히 주의를 기울이는 타인을 부러워한다. 우리가 자신을 마음에 있는 동물의 이미지를 사용해서 표현적으로 움직이도록 허락한다면, 동물들은 움직이고 경험하는 데 있어서 소박함, 힘, 표현의 단순명쾌함, 그리고 아주 유쾌한 생명력을 선사할 것이다. 우리 자신과 타인이 함께 사는 방식을 너무나도 풍요롭게 하는 동물들은, 우리에게 단절된 부분과 사용하지 않은 내재된 능력을 다시 사용하고 인지하도록 돕는다. 우리가 자신에 대해 특별히 숙련하고자 하는 것은 파괴, 폭력, 잔인함, 그리고 욕심에 대한 우리의 능력이다. 그리고 우리가 숙련하려고 고투하는 이것을, 자신의 일부가 아니라고 부인하거나 아닌 척하는 것보다, 우리 자신에 대해서 정직하게 드러내놓고 대면할 때 훨씬 더 효과적으로 숙련할 수 있다.

4. 정체성을 상실하거나 증진하는 경험

우리는 특히 아주 개인적이고 자기표현적인 방법으로 움직이고 춤추기 시작할 때, 우리의 신체와 신체부위의 크기, 모양, 유연성, 힘, 그리고 전체적인 균형과 체력을 알기 시작한다. 우리는 자신의 움직임의 표현적인 면이, 어떤 느낌이며 자신에게 알맞은지 또 자아에 익숙한지 혹은 생소한지를 탐험하기 시작한다. 우리는 개인적 공간감과 신체경계감을 탐험하기 시작하는데, 이 둘 모두 잘 정의되어 있지 않을지도 모른다. 우리의 자아감(정체성), 개인적 공간감, 경계감은 성장하고 발달하면서 바깥 세상과 상호작용하는 과정에서 만들어지는 우리 자신에 대한 경험에 의해서 형성되고 다듬어진다. 우리가 누구인지 (관심, 동기, 좋음, 싫음 등) 알아가는 개인적이고 내적인 경험에 더해진 것은, 숙달되고 우리의 정체성에 포함되기를 기대하는 많은 사회적 성적 역할이다. 우리의 개인적 공간감은 적절한 사적 및 공적 행동, 그리고 타인에 의한 침범, 위협, 혹은 유기에 대한 아주 개인적인 내적 경험에 대한 외부 사회와 가족의 규칙에 의해 영향을 받는다. 마찬가지로 우리의 신체 경계는 근육, 뼈, 그리고 호흡에 의해 (안에서 정의되어) 만들어진다. 이 근육, 뼈, 그리고 호흡은, 늘어나거나 조여지며, 이완하거나, 누르거나, 밀거나, 양보하며, 신체 부위의 모양, 응집력, 유대감을 분명히 하고 강화한다. 경계의 형성과 정체성의 형성은 분리할 수 없다. 이들의 형성을 위해서 우리 개개인은 신체와 정체성의 면에서 우리 자신과 완전히 분리된 누군가의 존재가 필요하다.

우리 대부분의 경계와 정체성의 보안에 아주 많은 금과 구멍이 나 있고, 우리가 움직이기 시작할 때 이 취약점들을 더욱 인지하며 불안전함을 느낀다. 경계와 정체성에 대한 (불편하거나 위험한) 감정으로 인해 움직이지 못할 수도 있다. 그리고 때때로 우리를 놀라게 하고, 신체경계를 완전히 무너뜨릴 수 있는 아주 강력한 감정들이 있다. 사람들은 가끔, "나 지금 폭발할 것 같아."라고 말한다. 이럴 땐 움직이는 것이 가끔 큰 도움이 될 때도 있고 또 안 될 때도 있는데, 우리는 보통 도움이 되는 경우와 아닌 경우를 감지할 수 있다.

필연적으로 수반하는 이 개인적인 기억들은, 인생의 어느 지점에 있느냐에 따라, 자신의 아주 강한 감정과 존재의 상태를 불러일으킨다. 우리가 느끼고 존재하는 상태를 다시 경험할 때, 현재 자신과 정체성에 대한 존중으로 혼란스러워한다. 내가 설명하고자 하는 것은, 우리가 성장하고 발달하면서 우리 두뇌의 체계화되어 있는 방법에 일어나는 변화, 관점과 깊이를 상징화하고 추출해 내고 첨가하는 우리의 증진하는 능력에 나타나는 변화, 그리고 우리의 경험을 새로운 방식으로 조직하고 재조직하도록 허락하는 변화이다. 각각의 새로운 체계의 단계는, 그 단계마다 독특하게 느끼고 존재하는 상태가 있다. 이 상태는 우리의 경계와 정체성을 경험하고, 우리 주변의 세상에서의 자신의 존재를 조직하고 경험하는 우리의 특별한 방식이다. 우리 과거 조직 수준, 과거 자신과의 현재에서의 대면은, 현재 우리 자신의 상실, 패배, 혹은 파국 그리고 퇴행처럼 느껴지기도 한다. 그럼에도 불구하고 성장하고 발달하면서 과거의 우리 자신을 위해 공간을 만들어 줄 방법을 찾는 것이 대단히 중요하다. 우리의 노화와 죽음은 우리가 경계와 정체성을 더욱더 재조직하도록 요구한다. 우리 각자가 인생을 활력 있게 최선을 다해서 사는 것, 분명하면서 융통성 있고 투과성 없이 스며들 수 있는 정체성과 경계를 만드는 것은 우리의

무용동작치료 임상노트

세포와 같고 필수적이며, 중심적인 정체성이 보관되고 보호된다. 또 이는 우리의 경계가 어느 정도 개방되고 교환되는 것을 가능하게 하며, 인생을 살면서 완전히 우리 자신이 될 수 있는 공간과 유연성을 가질 수 있는 데 큰 도움이 된다.

우리의 경청자의 두려움을 존중하는 반면에, 우리가 계속해서 이야기하고 움직이는 것과 우리가 작업하는 어떤 공간에서든지 또 어떤 방식으로든지 우리 경청자가 더욱 표현적으로 움직일 수 있도록 돕는 것이, 우리가 살고 있는 사회와 직업으로서 우리의 생존에 필수적이다.

결 론

첫 번째, 비언어적 경험을 설명하기 위해 단어를 찾는 것이 무척 어렵다는 이유, 또 두 번째, 우리 대다수의 경청자가 이해하기에 너무 어렵다는 이유로 무용/동작치료를 설명하는 것은 너무나도 어려운데, 우리가 계속 설명하려고 노력하는 것이 왜 그렇게 중요할까?

우리 중 몇몇에게 무용/동작치료는 외상, 병 혹은 절망으로 인해 만들어진 어둡고, 고독하고, 엉킨 우리 안의 황무지에서 나오는 유일한 길이 되기 때문에 지속적으로 노력하는 것이 중요하다. 이것은 삶의 어떤 단계와 어떤 환경에 있는 사람이든지 간에 적용된다.

많은 이들에게 무용/동작치료는 만족스럽고, 통합적이고, 풍요로운 삶을 성취하기 위한 필수적인 부분이므로, 우리가 계속 노력하는 것이 중요하다.

우리는 인정, 통합, 그리고 지역사회보다는 효율성, 구분, 그리고 사리사욕을 중요시하고 포상하는 사회에 살고 있기 때문에 우리가 계속 노력하는 것이 중요하다. 만연하는 스트레스와 극도의 피로가 우리 자신을 파멸시키려는 강한 압박 하에 사는 필연적인 결과라는 것을 파악하지 못하고, 우리는 예의와 도덕의 쇠퇴에 대한 스트레스와 극도의 피로에 대해 이야기한다. 그러므로 우리 자신과 타인의 감정의 필요는, 실질적이고 효율적으로 결정을 내리고 행동하는 우리의 능력을 망가뜨리지 않는다. (치료사로서 혹은 의뢰인으로서) 무용치료에 대해 이야기하고 이를 하는 것에 대해, 우리는 더 인간적으로 생활하고 존재하는 방법을 단호히 지지한다. 애착과 (상호) 의존의 필요를 수용하는 것은, 우리의 정신 물리적인 통합과 진심으로 기쁘고(순간적인 즐거움이 아닌) 친절(단지 예의 바르게 행동하는 것이 아닌)할 수 있는 능력의 근본과 초석이 된다.

우리 개개인은 너무나 작기 때문에, 그리고 우리가 소유하고 있는 힘을 경험하고 사용하는 것에 대한 유일한 희망은 우리 자신의 다양한 모든 부분으로부터 우리 안의 모든 자원과 최대한 솔직한 의사소통을 하는 것이기 때문에, 우리가 계속 노력하는 것이 중요하다. 인생을 살면서 우리 모두는 엄청난 도전에 직면한다. 우리는 첫 번째로 다양한 대인관계를 갖는 방법과 성공적으로 일하는 방법을 배워야 한다. 이를 배움으로써 우리는 배우자, 친구, 그리고 우리의 관심을 끄는 특정한 종류의 일과 안전하고, 능률적이고, 즐거워하며 우리 자신을 투자할 수 있는 것을 골라야만 한다. 우리가 자식을 갖기로 결정한다면, 우리는 그들이 자신들과 우리가 좋아하고 존중하는 사람으로 자랄 수 있도록 도와야만 한다. 우리는 우리에게 부족한 기술과 능력, 우리가 사랑하는 사람들과 생명체의 상실을 비통해할 수 있어야만 한다. 생명을 가능하게 하는 자연적 자원과 풍부한 삶을 제공하는 우리의 행성처럼, 더 넓은 인간 세상은 우리가 줄 수 있는 모든 도움이 필요하다.

우리는 사는 동안 자신의 임종의 과정과 죽음을 준비해야만 한다. 우리가 부서지고 구분된 삶의 방식을 선택하고, 우리의 애착과 감정에 빈곤하게 되고, 우리 자신과 다른 사람들과 단절되면, 우리는 정신적으로 갈팡질팡하게 되고, 우리의 결정과 행동은 의미가 없으며 우리를 실패하게 만들고, 우리 자신도 모르게 악을 행할 수 있게 된다. 우리 삶과 우리의 생존에 소중한 모든 것들이 위험해진다. 또는 생각, 감정, 행동이 더 완전하고, 형체화되어 있고, 통합되어 있는, 다른 삶의 방식을 정할 수 있다. 우리는 더 완전히 그리고 깊이 다른 사람들과의 연결됨을 통해서, 우리 인생에 진정한 의미를 주는, 더 인정하고, 관대하며, 유머 있고, 또 열심히 일하는 삶의 방식을 정할 수 있다. 우리는 도움을 받아 이러한 삶의 방식을 결정할 수 있다.

참고문헌

Benov, R. G. (1991). *Collected Works by and about Blanche Evan*, San Francisco: Blanche Evan Dance Foundation.

Chaiklin, S., Lohn, A., Sandel, S (ed)., (1993). *Foundation of Dance/ Movement Therapy: The life and Work of Marian Chace*. Marian Chace Memorial Fund.

Freud, A. (1966). *The ego and the Mechanisms of defense*. New York: International Universities Press.

Furman, E. (1992). *Toddler and Their Mothers: A study in Early Personality Development*, Madison. CT: International Universitities Press.

Hogan, L., Metzger, D., Peterson, B., eds. (1998). *Intimate Nature: Thr Bond Between Women and Animals*. New York: Random House.

Laban, R. (1960). *The Mastery of Movement*. London: MacDonald & Evans LTD.

Lewin, R., Schulz, C. G.(1992). *Losing and Fusing: Borderline Transitional Object and Self Relations*. Northvale, NJ: Jason Aronso, Inc.

Naess, Joan (1982). *A Developmental Approach to the Interactive Process in Dance/Movement therapy*. American Journal of Dance Therapy, 5(43–

55).

Naess, Joan (1987). *An Attempt to Apply Mahler's Developmental Stages to Group Work in Dance/Movement Therapy*. American Dance Therapy Association Monograph#4, pp. 102-104.

Piaget, J. (1952). *The Orgins of Intelligence in Children*. New York, W.W, Norton & Company.

Roberts, M. (1996). *The Man Who Listens To Horses*. New York: Random House.

Sullivan, H. S. (1953). *The Interpersonal Therapy of Psychiatry*. New York: W. W. Norton & Company.

Winnicott, D. W. (1971). *Playing and Reality*. New York: Penguin Books.

저자에 대하여

Joan L. Lewin은 메릴랜드 볼티모어에서 개인심리치료실을 운영하고 있는 무용/동작치료 전문가이다. 그녀는 블란쉐 이반의 제자로 초기에 뉴욕에서 아동들과 작업했다. 또한 메릴랜드 주 타운슨에 위치한 Sheppard and Enoch Pratt 병원에서 성인들과도 작업했고(1979~1990), 미국 무용동작치료협회 윤리준수위원회의 대표위원(1980~1984)과 총무직(1986~1990)을 역임했다. 1998년 그녀는 자신의 풍부한 임상경험이 담긴 *Dance Therapy Notebook*을 출판했으며, 2002년에서 2003년까지 미국 무용동작치료 학회지의 공동편집장으로 활동했다. 1990년부터 현재까지 그녀는 자신의 삶을 헤아릴 수 없을 정도로 풍요롭게 만들어 준 개인치료실에서 임상작업을 지속하고 있다. 그녀는 자신의 저서 *Dance Therapy Notebook*이 한국어로 번역된 것에 대해 무한한 기쁨을 느끼고 있다. 그녀는 자신의 이 작은 책이 다른 먼 나라에까지 알려질 거라고 결코 상상하지 못했기에 더욱 더 큰 기쁨을 느낀다.

역자에 대하여

(가나다 순)

고경순_ dmt.edu.korea@gmail.com

미국 Columbia College Chicago 석사(무용/동작치료와 상담 전공)

미국 Lesley University 박사(표현치료 전공)

BC-DMT(Board Certified Dance/Movement Therapist)

미국 공인 무용/동작치료 전문가

LCPC(Licensed Clinical Professional Counselor)

미국 임상심리치료 전문가 면허

GLCMA(Graduate Laban Certificate in Movement Analysis)

미국 라반동작 분석가

NCC(National Certified Counselor)

미국 공인 상담가

고경순은 미국 Columbia College Chicago에서 무용/동작치료와 상
담(Dance/Movement & Counseling)을 전공으로 석사학위를, Lesley
University에서 표현치료(Expressive Therapies)를 전공으로 박사학위를 받
았다. 미국 시카고에 위치한 Asian Human Services에서 만성정신질환자

들을 위한 무용/동작치료사이자 Columbia College Chicago 무용/동작치료 인턴 임상감독자로서 다년간 근무하였다. 현재 국내 여러 대학원에서 무용/동작치료와 관련된 다양한 강의 및 워크숍을 진행하고 있으며, 개인 심리치료실 '아트 인 마인드(Institute of Arts in Mind/IAM)' 에서 심리치료, 임상감독, 그리고 전공심화교육 관련 서비스를 제공하고 있다. 그녀의 신체 움직임을 중심으로 한 임상감독에 대한 연구는 2015년 미국 마리안체이스재단(Marian Chace Foundation)의 최우수 논문으로 선정되는 영광을 누렸다. 현재 미국 무용/동작치료 협회 임상 및 연구 분과 위원, 대한무용동작치료학회, 한국 커뮤니티예술학회 상임이사, 한국무용예술학회 이사로 활동하고 있다.

이상명_ sangmeonglee@gmail.com

미국 Columbia College Chicago 석사(무용/동작치료와 상담 전공)

BC-DMT(Board Certified Dance/Movement Therapist)

미국 공인 무용/동작치료 전문가

LCPC(Licensed Clinical Professional Counselor)

미국 임상심리치료 전문가 면허

GLCMA(Graduate Laban Certificate in Movement Analysis)

미국 라반동작 분석가

이상명은 서울예술고등학교와 성균관대학교 무용과를 졸업한 후, 미국 Columbia College Chicago에서 무용/동작치료와 상담 전공으로 석사학위를 받았다. 그녀는 인턴십으로 미국 시카고에 있는 Cornell Intervention(마약관련 범죄자들을 위한 치료프로그램), Advocate Illinois Masoni Medical Center의 격리 정신병원과 외래 병동에서 집단 무용/동작치료를 제공하였다. 2004년 LCPC 자격증을 취득, 임상심리치료사로서 Anxiter Center(지적장애/정신장애 성인과 노인을 위한 주간치료 및 훈련 프로그램)에서 7년간 재직한 후, 한국으로 돌아가 부산대학교 기금교수로 재직하면서 대구대학교 재활과학 대학원에서도 강의하였다. 2011년 미국 시카고에 있는 Asian Human Services에서 AIDS/HIV로 감염된 환자들에게 개인심리치료와 집단 무용/동작심리치료 서비스를, 동료들에게 선임임상가로서 임상감독을 제공하였다. 2012년부터 현재까지, Hoover & Associates(private practice)에서 성인을 대상으로 개인과 커플 상담을 주로 하고 있다. 그녀는 남편 그리고 두 아이와 시카고 외곽에 거주하고 있다.